AF370795

RITUEL

DES

TATARS-MANTCHOUX.

RITUEL
DES TATARS-MANTCHOUX,

RÉDIGÉ

PAR L'ORDRE DE L'EMPEREUR *KIEN-LONG*,

Et précédé d'un DISCOURS PRÉLIMINAIRE *composé par ce Souverain ;*

AVEC

Les Dessins des principaux Ustensiles et Instrumens

DU CULTE CHAMANIQUE:

OUVRAGE traduit par Extraits du tatâr-mantchou, et accompagné des Textes en caractères originaux,

PAR L. LANGLÈS,

Membre de l'Institut national des sciences et des arts, Conservateur des manuscrits Orientaux de la Bibliothèque nationale de France, et Professeur de persan à l'École spéciale des langues Orientales vivantes.

A PARIS,

DE L'IMPRIMERIE DE LA RÉPUBLIQUE.

AN XII. = (1804, V. S.)

AVERTISSEMENT.

LA Notice qu'on va lire fait partie du tome VII.e, première partie, page 241—308, des *Notices et extraits des Manuscrits de la Bibliothèque nationale.* J'en ai fait tirer quelques exemplaires séparément, pour les offrir aux amateurs de la littérature Orientale, et pour exciter quelques-uns d'eux à étudier une langue savante, encore inconnue aujourd'hui en Europe. Je ne répéterai point ici les détails déjà consignés dans plusieurs de mes ouvrages, pour prouver l'importance du Tatâr-Mantchou, dans lequel on trouve maintenant des traductions fidèles et authentiques de tous les bons livres Chinois. Je me bornerai donc à annoncer que, grâce au zèle que M. Marcel, directeur de l'Imprimerie de la République, témoigne pour tout ce qui peut contribuer aux progrès des lettres, j'espère pouvoir bientôt continuer l'impression des Grammaires qui, jointes au Dictionnaire que j'ai déjà publié en trois volumes *in-4.°* (1789 et 1790), formeront un cours complet de langue Mantchoue; et ce cours, suivant l'expression du savant P. Amiot *, *ouvrira une libre entrée dans la littérature Chinoise de tous les siècles.*

* Éloge de la ville de Moukden, et de ses environs, poëme composé (en chinois et en mantchou) par l'empereur *Kien-Long*, traduit en français par M. Amiot, &c., *page* v et vi de la préface du traducteur.

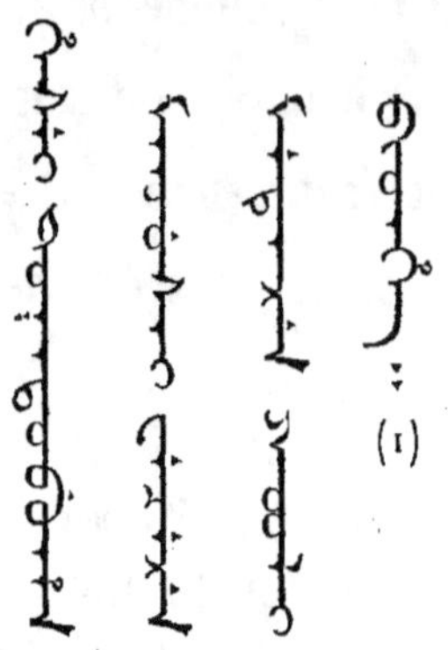

RECUEIL

Des Usages (et cérémonies) établis pour les Offrandes et les Sacrifices des Mantchoux, par ordre de l'Empereur.

(*ou* RITUEL DES MANTCHOUX.)

[Six volumes renfermés dans une enveloppe de carton jaune qui forme le N.° 21 des ouvrages Tatârs-Mantchoux de la Bibliothèque nationale.]

MON intention étant de faire connoître les ouvrages Mantchoux ensevelis jusqu'à présent dans la Bibliothèque nationale (2), je crois devoir choisir un de ceux qui peuvent contribuer à nous familiariser, pour ainsi dire, avec la langue, la religion, les mœurs et les usages de ce peuple, qui figure aujourd'hui d'une manière si imposante sur le théâtre politique de l'Asie. Les philosophes et les savans ne se laisseront donc pas prévenir défavorablement par le titre de l'ouvrage dont je vais rendre compte; et j'ose croire qu'il ne me sera pas difficile de leur persuader que c'est un des monumens les plus curieux comme les plus authentiques de l'antiquité, non-seulement des Mantchoux, mais encore des Tatârs en général. Sans prétendre me prévaloir de la dignité du principal

(1) *Heséi thocthobouha Mantchousaï ouétchéré methèré caoli pithe.* Dans le titre courant de l'ouvrage, les deux premiers mots sont supprimés.

(2) *Voy.* la Notice d'un Dictionnaire Latin-Chinois-Mantchou, *tom. V, p. 581 – 606* des Notices et Extraits des Manuscrits de la Bibliothèque nationale.

rédacteur, les soins que l'empereur y a donnés en prouvent incontestablement l'importance. On connoît l'inaltérable attachement que Kien-long conserva toujours pour sa patrie et pour les mœurs de sa nation; on sait que le beau séjour de Péking et les délicieuses maisons de plaisance qu'il possédoit dans la Chine (1), ne lui faisoient pas oublier les déserts de la Tatârie; on sait tous les moyens qu'il employa, non-seulement pour conserver sa langue maternelle, mais encore pour la perfectionner et la faire rivaliser avec le chinois : est-il donc étonnant qu'il ait pris le même soin de la religion de ses ancêtres? et ces précautions paroîtront-elles superflues, quand on saura que, depuis long-temps, la politique oblige plusieurs princes Tatârs, et même les empereurs Chinois, à allier leur ancien Chamanisme avec le culte moderne du Chang-ti, qui étoit originairement le même (2), aussi bien que le Lamisme du Tibet et la religion de *Fo*, apportée des Indes à la Chine (3)? *Fo* est la contraction de *Fo-to*, nom chinois de *Bouth* ou *Bouddah*. Ce personnage, quoique très-célèbre, est si peu connu, ou du moins on a sur lui des notions si vagues et si peu certaines, que je ne crains pas d'être accusé de prolixité en donnant ici une notice tirée de l'*Ayïn Akbéry*, relative à ce législateur et à sa religion (4).

(1) Je compte donner l'extrait de la description de ces maisons de plaisance faite par Kien-long, et imprimée en mantchou, avec des vues de ces mêmes maisons fort agréablement gravées en bois.

(2) *Voyez* la Description générale de la Chine, &c., par l'abbé Grosier, chapitre de la Religion ancienne de la Chine, *pag. 541-570*, édit. *in-4.°*

(3) *Voyez* la Description de l'empire de la Chine, par le P. du Halde, *t. I.er, p. 313-314, et t. II, p. 336-387, &c.* édit. *in-4.°*; = Histoire générale de la Chine, traduite du Tong-kien-kang-mou, par le P. de Mailla, &c., *t. V, pag. 50-55, not.*, et *tom. VI, p. 29, 423, 425*; = Voyage aux Indes et à la Chine, par Sonnerat, *tom. I.er, p. 34, et t. II, p. 204 et 205*, édit. *in-4.°*; = *Georgii Alphabetum Tibetanum*, p. 297, 298; = *Paulini à S. Bartholomæo Systema Brahmanicum lithurgicum, mythologicum, civile, ex monumentis Indicis musæi Borgiani, &c.* p. 154 et 309; = Mém. de l'Ac. des belles-lettres, *t. XXXVIII; p. 507, et t. XL, p. 190, 194 et 198*; = *Crauffurd's Sketches chiefly relating to the history, religion, &c. of the Hindoos*, tom. I.er, p. 244, et tom. II, p. 118; = Histoire générale des Huns, par M. de Guignes, *tom. II, pag. 223 et suiv.*

(4) ايين اكبرى [Institutes du grand mogol Akbar]. Cet ouvrage, composé par l'ordre et sous les yeux de ce monarque, renferme la description de l'Hindoûstân, la plus exacte et la plus détaillée qu'on ait jamais faite d'aucun autre pays. J'en ai donné une courte notice dans le Magasin encyclopédique, *dernière année, t. II, p. 486 et suiv.*, et de nombreux extraits dans mes notes sur

« LE

« LE BOUDDHISME. L'auteur de cette doctrine se nomme Bouddah. Ce nom s'écrit avec un *bâ* marqué d'un *dhammah*, un *dâl* surmonté d'un *fatahh* et d'un *techdyd* et un *hâ* muet. On lui donne beaucoup de noms : les uns l'appellent *Châkmoni* (1), mot qui s'écrit avec un *chyn* ponctué, un *âlef*, un *kâf*, un *mym* marqué d'un *dhammah* et un *noùn* avec un *kesré*. On prononce vulgairement *Châkmoùny*. C'est un article de foi que, par la vertu de ses bonnes actions, il parvint au plus sublime degré de connoissance, et qu'ayant acquis la science universelle, il obtint la dignité du *mokt* (2).

» Son père se nommoit *Râdjah Seddohoùdan*, râdjah du Béhâr : ce mot s'écrit avec un *syn* et un *kesré* souscrit, un *dâl* surmonté d'un *dhammah* et d'un *techdyd*, un *hâ* muet, un *oùâoù* quiescent, un *dâl* surmonté d'un *fatahh* et un *noùn* quiescent. Sa mère s'appeloit *Mâyâ* (3) ; elle le mit au monde par le nombril. Un éclat de lumière éblouissant se manifesta au moment de sa naissance ; la terre trembla ; il poussa du haut (de la Tatârie) dans le bas (de l'Hindoùstân) l'eau (4) du Gange ; il marcha aussitôt, fit sept pas, il se mit à prononcer, avec un charme ravissant, des paroles enchanteresses, et il dit : *La dernière image est unie à moi* (5).

» Les astrologues prédirent que lorsque vingt-neuf années et sept jours de sa vie seroient remplies, il s'assiéroit sur le trône du commandement, se leveroit pour former et exécuter une grande entreprise, établiroit une nouvelle loi. Mais dans la même année, et dans le même mois, il détacha son cœur du tumulte du monde, et prit le chemin du désert pour se rendre

les Recherches Asiatiques. M. Gladwin en a publié un extrait en 3 volumes *in-4.°*, imprimé à Calcutta en 1782-1786, et, depuis, réimprimé à Londres. Les personnes qui se livrent à la littérature Persane, pourront juger les différences qui existent entre sa traduction de ce fragment et la mienne, qui a été faite d'après l'exemplaire autographe présenté à Akbar même, lequel a été rapporté de l'Inde, et m'a été donné par mon savant ami feu le colonel de Polier, membre de l'académie de Calcutta.

(1) Corruption de *Chaman*.

(2) Ce mot Sanskrit désigne l'*absorbement dans la nature de l'Être suprême*. *Voyez* le petit vocabulaire Sanskrit placé à la tête du 3.e volume de la traduction Anglaise de l'*Ayïn Akbéry*.

(3) C'étoit aussi le nom de la mère du Mercure des Grecs, dont il est aisé de reconnoître l'identité avec le Bouddah des Orientaux, le Thot des Égyptiens, le Woddin et Odin des nations Gothiques et septentrionales. Il a donné son nom au quatrième jour de la semaine chez ces peuples et chez nous.

(4) Suivant une ancienne tradition, les eaux du Gange formoient originairement un lac sans écoulement dans la Tatârie ; ce fut par un miracle qu'elles se frayèrent un chemin jusqu'à la mer, à travers l'Hindoùstân. Les Brâhmanes attribuent ce miracle à Brahmâ ; les Bouddhistes l'attribuent à Bouddah.

(5) Fo, Sommonacodom et même Mohhammed parlèrent en sortant du sein de leur mère. Mais nous devons convenir que les premières paroles de Bouddah ne nous ont point paru très-intelligibles ; M. Gladwin ne les a pas traduites. Peut-être a-t-il voulu dire que la dernière incarnation de la Divinité s'étoit faite en lui. *Voyez* en effet ci-après, *p. 10, lig. 17.*

à Bénarès et à Râdjegar, et autres lieux consacrés au culte du feu (1). Il prit un bâton à la main, se mit à parcourir le monde, et pénétra au Kachmyr : un grand nombre de familles Indiennes, les habitans des Benâder (places situées sur les fleuves), du Kachmyr, du Tibet et du Khataï, se réunirent autour de lui. Jusqu'à la présente année, qui est la quarantième du règne de notre monarque, depuis la naissance de Bouddah, deux mille neuf cent soixante-deux ans se sont écoulés. On dit qu'il étoit maître de ses sens. C'étoit un personnage extraordinaire. Il vécut cent vingt ans. Les savans Persans et Arabes nomment *Bakhchy* les partisans de sa doctrine, appelés *Lâmah* au Tibet. Il y a long-temps qu'il ne reste plus de traces d'eux dans l'Hindoùstân et dans toute l'Inde, excepté au Peygoù, à Dahâcéry (2) et au Tibet.

» La troisième fois que j'allai avec l'étrier impérial visiter le beau pays de Kachmyr, je trouvai quelques vieillards de cette religion; mais je ne rencontrai pas un seul écrivain savant, et ne vis pas ce que Hhâfez-Abroù et Benâketty ont décrit.

» Les Brâhmanes regardent Bouddah comme la neuvième *âvatâr* (ou incarnation de la Divinité); mais ils n'adoptent pas cette religion connue, et ne croient pas qu'elle soit de lui.

» (Les Bouddhistes) croient que Dieu, qui est sans égal, ne s'est jamais souillé par l'union d'un corps humain; et, comme les partisans du *Sânka* (3), du *Mëïmansa* (4) et du *Djyn* (5), ils ne lui attribuent pas la création : ils ne croient pas non plus que le monde ait commencé et finisse jamais. Ils sont persuadés que le système entier de l'univers, à chaque époque, retombe dans le néant, et à une époque pareille à la première, recouvre

(1) *Voyez*, relativement à ce culte parmi les Hindous, mes notes sur le Voyage du Bengale à S. Pétersbourg, par G. Forster, *t. I.er, p. 31, et t. III, p. 320*, et celles que j'ai ajoutées aux Discours de M. Jones sur les Persans et sur les Hindous, *tom. II, pages 2 et 3* des Recherches Asiatiques, traduction Française, &c.

(2) Je crois qu'il faut lire Tennasséryn, ville et baie du royaume de Siam. Le savant et estimable auteur de la Géographie des Grecs analysée, M. Gossellin, pense que c'est la *Thinæ* des anciens, et fixe à cet endroit les bornes de leurs connoissances dans la géographie.

(3) Hérésie des Hindous, qui consiste principalement à ne pas croire à la création ni au créateur, à regarder l'univers comme éternel, et à nier que rien soit anéanti : il n'y a que des disparitions momentanées, quand les effets sont absorbés dans les causes, comme la tortue cache ses pattes dans son écaille. *Ayïn Akbéry.*

(4) Autre hérésie des Hindous, dont le dogme principal est de nier l'existence d'un créateur, de regarder la matière comme éternelle et indestructible, et l'air comme le véhicule du son.

Suivant cette même doctrine, les corps ne sont qu'un amas d'atomes, et non le produit d'une seule et même substance. *Ayïn Akbéry.*

(5) Cette autre hérésie des Hindous ne diffère pas beaucoup des précédentes; elle accorde seulement le libre arbitre aux hommes, et admet les récompenses et les punitions de l'autre monde, &c. *Ayïn Akbéry.*

l'existence. Ils croient aux récompenses et aux punitions, à l'enfer et au paradis. Ils croient aussi que la science est un accident de l'ame raisonnable.

» Celui qui veut embrasser la vie religieuse, se rase la tête, porte des habits et des sandales rouges, a grand soin de se laver fréquemment, et ne refuse rien de ce qu'on lui donne à manger. Selon lui, un animal mort a été tué par Dieu, et il croit qu'il est permis de le manger. Il n'approche pas des femmes; il ne tue aucun être animé; il s'abstient d'arracher ou de couper une plante, parce qu'il croit qu'elle a vie. Les Bouddhistes s'attachent à six choses principales : dominer sa colère, perfectionner son intelligence, acquérir des connoissances bonnes et utiles, adorer l'Être suprême, soutenir avec courage ses revers, s'unir avec Dieu.

» Trois choses, selon eux, constituent la perfection : la connoissance (de Dieu), le désintéressement, l'absence de l'envie. Ils attribuent le bien et le mal à douze causes, qui sont les cinq sens, leurs cinq propriétés des corps, qui sont reçues par les sens, *men*, *dyoùmeréh* (1); ils nomment ces douze causes *îyatna*, mot qui s'écrit avec un *âlyf* marqué d'un *hamzah*, un *yâ* avec un *fatahh*, un *tâ* quiescent, un *noùn* surmonté d'un *fatahh*. »

بوده آرندهٔ اين طـــرز هوشمندي را بُدّه نامند بضم
با و فتح دال مشدد و هاي خفي و اورا فراوان نام بركذارند يكي
شاكمن بشين منقوط و الف و كاف وضم ميم وكسر نون وعام
شاكموني كويند عقيدهٔ آن دارند كه او به نيروي شايسته
كاري به پايهٔ والاي آكهي رسيد وهمه دان شده دولت
مكت آند وخت پدر او راجه سدُّهودن مرزبان بهار بكسر سين
وضم دال مشدد و هاي خفي و سكون واو وفتح دال وسكون
نون مادر او مايا نام از راه ناف بزاد وشكرف روشني دركفت

(1) Je crois que le premier de ces deux mots Sanskrits signifie *l'esprit;* j'ignore le sens du second.

وزمین بجنبش درآمد وآب کنك از بالا فـرو ریخت هماندم هفت کام برکرفت ودلاویز سخنان بشیوا زباني برکذارد وکفت واپسین بیکري بیوند منست اختر شناسان چنان باز نمـودند کـه چون از زندکي او بیست و نه سال و هفت روز سپري شود بر اورنك فرمان روایي بر نشیند بـآهنك وآرستکي بـر خیزد و تازه آییني بر نهد درهمان سال ازمه آمیزه دل برکرفت وراه صحرا سپرد در بنارس وراج کرو دیکر پرستشکدها لختي بسر برد و جهان نوردیك بکشمیر درآمد بسیاري هندي نژاد واهل بنادر وکشمیر وتبت وختاي باو کرویدند دریـن سال چهلم آلهي از فرو شدن او دو هزار و نهصد و شصت ودو ســـال سپري شد کویند نفس کیرا داشت خدیو خارق عادت بود صد وبیست سال زندکاني کرد فارس وعرب دانش اندوز ایـن ایین را بخشي خوانند ودر تبت لامـه روزکاریست کـه در هندوستان ازینان کمتر نشان دهند مـکر در بیکو دهناســري و تبت وسیوم بار کـه در رکاب شـاهنشـاهي

بعرصهٔ دلکشای کشمیر رفته شد پیری چند ازین کیش دریافت لیکن دانش منشی دوچار نشد وانچه حافظ ابرو وبناکتی نکاشته بنظر درنیامد

براهمه اورا نهم اوتار برکذارند لیکن بروش مشهور نکرایند وآنرا ازو ندانند ایزد بیچون را از بیوند تن پاك دانند و چون سانکه و میمانسا و جین افرینش را ازو ندانند جهانرا سر آغاز وانجام نه پندارند وچنان برسرآیند که همکی عالم در هر آنی به نسیتی کراید ودر آنی دیکر مانند آن هستی کیرد و پاداش نیك وبد و دوزخ و بهشت کروند دانش را عرض نفس ناطقه شمرند تجرد کزین او سر تراشد چرم و جامه سرخ پوشد و بشست وشوی خویش بسیار پردازد و هرچه بخورد او دهند سرباز ندارد و مرده کشته خدا دانسته خوردن آن روا انکارد و بزن نزدیکی نکند جاندار نکشد و رستنی را جان دار دانسته از کندن و بریدن دست باز کشد همت در شش چیز بر بندند فرو نشاندن خشم پژوهش خرد خیر

بخواسته وآكهي ايزدي برستش دليري درخويشتن كدازي همواره باخدا بودن سرمايهٔ نيكي سه چيز بركويند آكهي بي طمعي بي حسدي و دوازده را خانهٔ خوب كرداري و تباه كاري دانند بنج حواس بنج مدرك آن من ديومره واين را دوازده آيتن نامند بهمزه و الف وفتح ياي تحتاني وسكون تاي فوقاني و فتح نون (Ayïn Akbéry, *pag. 310 verso de mon manuscrit autographe, qui est en ma possesion* (1) *; et tome III, p. 201, de l'Extrait donné par M. Gladwin, édit.* in-4.° *de Calcutta.*

Le même ouvrage donne aussi quelques détails sur quatre ايين ou règles de la religion de Bouddah, que j'ai transcrits et traduits dans mes notes sur la traduction Française des Recherches Asiatiques, *t. II, p. 427, note* [a]. Comme cet ouvrage paroîtra en même temps que celui-ci, il me suffit d'y renvoyer le lecteur : on y voit seulement que les Bouddhistes ont des ouvrages relatifs à la religion, à la morale et aux sciences naturelles. Mais, pour ne point perdre de vue le fondateur de la religion dont nous allons analyser le rituel, on sait que c'est le législateur d'une grande partie de l'Asie (2) : je suis fort porté à le croire antérieur à Brahmâ, législateur des Hindous. Au reste, les monumens que nous possédons sont si incertains et si obscurs, qu'il est à peu-près impossible de prononcer sur le droit d'aînesse, et je n'ignore point que les partisans des Brâhmanes le contestent aux Chamanistes, dont ils se disent les successeurs ; il est au moins certain qu'il y a d'étonnantes conformités entre la religion de Bouth et celle de

(1) *Voy.* ma note ci-dev. *p. 9.*

(2) Le P. Georgi affirme que la religion de *Fo* est la même que le Christianisme. Ce rapprochement n'est pas un des moins piquans que nous puissions indiquer. V. *Alph. Tibet.*, p. 298.

Brahmâ; et ce qui prouve encore plus clairement l'ancienne identité de ces deux religions, c'est la haine invétérée des Brâhmanes pour les Chamanistes, et l'exécration de ceux-ci pour les livres des Brâhmanes, qui les ont entièrement supplantés dans l'Inde, et qui voudroient rivaliser avec eux à la Chine et dans différentes îles de l'Inde. Si, comme nous ne pouvons en douter, le mot *Chamanistes* ou *Samanéens*, désigne les sectateurs de Bouddah, on doit comprendre sous ce nom les Siamois, qui adorent Sommonakhodom; les Chingulois, sectateurs de Bouddhum; les Japonois, qui placent Amida au premier rang de leurs divinités; et plusieurs autres nations Asiatiques qui ont plus ou moins altéré le nom et les dogmes de Bouddah. Quoique l'on fasse ce législateur originaire de Kachmyr, le Chamanisme me paroît avoir pris naissance dans la Tatârie, peut-être dans la Bactriane.

Voilà pourquoi S. Clément d'Alexandrie (1), nomme les Samanéens Σαμαναῖοι Βάκτρων, et S. Cyrille, en parlant des mêmes, dit ... καὶ ἐκ Βάκτρων τῶν Περσικῶν Σαμαναῖοι (2). Les Chinois prononcent *sa-men, cha-men* ou *cha-men-na*, et disent que ce mot signifie en Indien *qui sait apaiser ses passions* (3). Le Samanéisme admet l'existence d'un Être suprême, la transmigration des ames, deux cent cinquante préceptes basés sur les quatre suivans : ne pas tuer, ne pas dérober, ne pas commettre

(1) *Strom. lib. 1, p. 131 [359].*

(2) *Cyril. Alex. contr. Julian. p. 90, edit. Basil.*

(3) Dans la Langue des Tongouses et des Bouraïtes, ce mot désigne un solitaire triste et contrit. *Voy.* le Traité du Chamanisme dans l'ouvrage de M. Tooke, intitulé *Russia, or a compleat account of all the nations which compose that empire*, t. III, p. 247. — Laloubère nous apprend qu'en langue Balie, *sommona*, qui est le même mot que *saman* ou *chaman*, signifie *Talapoin [dévôt] des forêts.* Description du royaume de Siam, *t. I.er, p. 394.* — Sommona khodum, que les Péguans prononcent *sammona khatama*, signifie en Siamois, *homme sans passions. Voyez* l'Histoire du Japon, par Kæmpfer, *t. I.er, p. 26*, édit. in-fol. et *p. 46*, édit. in-12. — Les mots *Khodâ, Ghoutaï* signifiant *Dieu* en langue Persane, et dans quelques idiomes Tatârs, le mot que nous venons de citer pourroit signifier *Dieu des Samans* ou *des Chamans.* C'est l'opinion de M. Stallenwerk dans ses Recherches sur les principales nations établies en Sibirie, *p. 90*, ou plutôt celle de M. Fischer, *tom. I.er, p. 57, not. 32* du *Sibirische Geschichte von der entdekkung Sibiriens, &c.*, ouvrage aussi complet que curieux, et dont M. Stollenwerk n'a fait qu'un extrait beaucoup trop abrégé, et tellement inexact, que l'on peut douter que ce traducteur ait toujours entendu le texte original. — *Voy.* encore une note fort intéressante sur les Chamanistes, Bouddah et Fo, par M. Deshauterayes, dans l'Histoire générale de la Chine, *t. V, p. 50-55.*

l'adultère, ne pas trahir la vérité. Les degrés de perfection consistent à renoncer au monde, à ses parens, pour ne s'occuper que de la connoissance de soi-même. Bientôt viennent les privations volontaires de toute espèce, l'abnégation de soi-même et les pratiques de dévotion les plus étranges : elles ont été probablement adoptées lorsque le Samanéisme a passé dans des pays civilisés; car elles seroient inadmissibles chez des peuples nomades, tels que les hordes Tatâres : celles-ci les remplacent par des pratiques grossièrement superstitieuses et compatibles avec la vie errante qu'elles mènent; et c'est ce Samanéisme corrompu que l'on doit nommer *Chamanisme*, du nom de *Chaman* ou *Saman* qu'ils donnent à leurs prêtres, comme on le verra bientôt. Quoique le Chamanisme ne soit réellement, comme je viens de le dire, qu'une corruption du Samanéisme, il a déjà été prodigieusement altéré et défiguré par ces Tatârs grossiers et vagabonds; c'est pour justifier quelques-unes de ces altérations et en prévenir de plus considérables, que l'empereur Tatâro-Chinois a fait composer, sous ses yeux, l'ouvrage dont je vais rendre compte, et qui convient non-seulement aux Mantchoux, mais à toutes les hordes Tatâres qui professent le même culte. Tous les objets, toutes les cérémonies de ce culte annoncent un peuple simple et nomade: leurs temples ne sont pas de vastes édifices comme ceux des nations civilisées, ils consistent en une enceinte plantée d'arbres à haute tige où sont disposées des espèces de tentes ou tabernacles pour les offrandes et les sacrifices; beaucoup de hordes font leurs dévotions en pleine campagne, sur le bord des rivières ou sur des éminences (1). Les offrandes et les sacrifices consistent en poissons, vin, pain et batonnets d'odeur. Tels sont les objets mentionnés dans notre *Rituel;* on peut y joindre tous les quadrupèdes (excepté les pourceaux), les oiseaux, les fourrures, les cornes, &c. Les Sibiriens sacrifient même des chiens; les branches de pin sont particulièrement consacrées à la mer, aux rivières, aux lacs et aux montagnes. Les Mantchoux offrent aussi des bandes et des monnoies de papier, que l'on suspend dans une espèce d'appartement qu'ils nomment *Koun-ning-koung;* et, dans la tente, ou tabernacle

(1) *Russia or a compleat historical account of all the nations which compose that empire*, tom. III, *of Schamanism*, p. 269, 270, &c.

de

de l'esprit *Chang-si* [l'Etre suprême], qui est le même que le *Chang-ti* ou le *Tien* des Chinois, anciens et modernes, le *Boa* des Tongouses, le *Tingri Gourghan* [Dieu du ciel] des Bouraïtes, le *Khoudaï* des Télaoutes, le *Koutka* des Kamtchadales, le *Noum* des Samoyèdes, le *Froroa* [lumière] des Ostiaks et des Vougouls, &c., ils adorent un Dieu tout-puissant, tout-savant, juste, et trop grand pour être flatté ou offensé: de manière que leur culte est absolument désintéressé. Tous les Chamanistes croient à l'existence après la mort; mais ils n'ont là-dessus que des idées vagues, ce qui n'est pas étonnant. Ils admettent aussi une foule de dieux secondaires, bons et méchans, qui s'occupent des détails de l'administration des choses de ce monde, et qu'ils craignent conséquemment bien plus que l'Etre suprême. Chaque horde, pour ainsi dire, a ses divinités favorites; on peut en voir la description et même les figures dans les relations de MM. Pallas, Gmelin et autres voyageurs Russes. Ils ont des idoles dans leurs maisons ou sous leurs tentes; ils leur adressent des prières et leur font des offrandes et des sacrifices le matin, le soir, et sur-tout la nuit, à la lueur d'un feu allumé exprès. Depuis que les Mantchoux sont civilisés ils ont chez eux, suivant leurs facultés, une petite table en forme d'autel, et même une espèce de petit tabernacle, supérieurement travaillé et orné (1), où ils déposent leurs offrandes et font leurs dévotions journalières; ils font en outre deux grands sacrifices par an, l'un au printemps et l'autre en automne; ces deux sacrifices datent de la plus haute antiquité, même chez les anciens Chinois Chamanistes (2) : c'est le principal acte de cette religion, que tous ceux qui la professent remplissent avec un grand scrupule. Leur année commence au printemps; ils offrent à cette occasion les primeurs de leurs troupeaux et du gazon; le sacrifice d'automne ou de la fin de l'été se fait avec moins de solennité. Plusieurs Chamanistes Mantchoux et Kamtchadales élèvent dans cette circonstance une perche ou une espèce de poutre pour y appendre les offrandes et les peaux des bêtes qui ont été immolées. Les Télaoutes, par exemple, sacrifient un jeune cheval à leur fête d'automne, qu'ils célèbrent vers la mi-octobre. Les Bouraïtes nomment cette fête *Sangue Haara* [lune

(1) *Voyez* ci-après, *page 67*, et *planche VIII*, *n.° 48*.

(2) Description de la Chine, par Grosier, *p. 565*.

blanche], et égorgent des chevaux, des bœufs, des moutons et des boucs en l'honneur de leur *Nouguit* ou *Nogat*, idole faite avec des chiffons de draps, et qu'ils suspendent à une petite tente. La viande de ces victimes sert sur-tout à la nourriture des idoles et des esprits, dont les prêtres se chargent de surveiller et de consommer l'approvisionnement. Ces prêtres ont différens noms chez différentes hordes, mais leur esprit est par-tout le même. Leur nom général et primitif, je crois, est *chaman* [solitaire, chagrin et contrit, homme maître de toutes ses passions, suivant l'explication des Tongouses et des Bouraïtes]. Les Mantchoux écrivent *Saman* ᠰᠠᠮᠠᠨ, et *Sama* ᠰᠠᠮᠠ, enchanteur (1). Les Téléoutes les nomment *Kam, Kammeâ,* ou *Gham* [maître ou prophète]. Les Yakoutes et d'autres Tatârs, *Ayoun,* ou *Aby* [prêtres], et les Samoyedes *Tadyb.* Leur costume est si fantasque que l'on ne peut en donner la description; ils portent sur-tout une grande quantité de grelots, des sonnettes en tablier, &c. Quand ils offrent des sacrifices, veulent opérer des guérisons ou conjurer les mauvais esprits, ce qui est pour eux la même chose, ils font ce que les voyageurs appellent des *évolutions* avec un sabre et un tambour de basque. Ils ont aussi des instrumens à cordes, dont je donnerai les figures et les dimensions d'après l'ouvrage dont il s'agit; car il n'est pas inutile d'observer que dans le Chamanisme, comme dans le Lamisme, ainsi que dans l'ancienne religion Égyptienne, la musique constitue une partie importante du culte. Il y auroit des rapprochemens fort curieux à faire entre le tambour des Chamans et celui des Galles ou Corybantes.

Galli Cybeles circum quæstus ducere
Asinum solebant bajalantem sarcinas,
Is cum labore et plagis esset mortuus,
Detracta pelle, sibi fecerunt tympana.

PHÆD. *lib. IV, Fab.* 1.[a]

Il ne me seroit peut-être pas impossible, quoi qu'en dise le savant

(1) Dictionnaire Mantchou-Français, *t. II, p. 6,* et cette Notice même, *p. 60 et suiv. Voyez* aussi les Rech. Asiat., ou Mém. de la Société établie à Calcutta, *tom. II, p. 56, note a,* de la traduction Française, par le C.[en] la Beaume, revue par les C.[ens] Langlès, Cuvier, Delambre, &c. et publiée par le C.[en] Adrien Duquesnoy.

P. Georgi, de démontrer que les Brâhmanes de l'Inde, et les Druides des Gaules étoient des Samanéens ou Chamanistes hérétiques. Les derniers étoient, en outre, devenus sanguinaires pour se conformer, sans doute, au caractère, aux mœurs des peuples chez lesquels ils se trouvoient. Une pareille discussion m'écarteroit trop du principal objet de cette notice. Je ne rapporterai pas même les observations de plusieurs voyageurs qui ont été frappés des nombreuses conformités qu'ils ont remarquées entre les cérémonies Judaïques et Chamaniques. Ils indiquent particulièrement le feu sacré, les offrandes, les sacrifices, les adorations, les idées d'impureté attachées à certains alimens, aux femmes qui se trouvent dans un état particulier à leur sexe, leur aversion pour le pourceau, &c...... Mais mon intention n'étant pas de faire un traité du Chamanisme, je n'ai dû entrer que dans les détails qui me paroissoient indispensables pour faciliter l'intelligence de ma notice. Il est temps de m'occuper de l'ouvrage qui en est l'objet.

Cet ouvrage, composé de six ᡩᡝᠪᡨᡝᠯᡳᠨ *teptélin* ou volumes, contenus dans une espèce de carton ou d'enveloppe comme les livres Chinois, a été imprimé avec des planches de bois. Suivant un ancien usage de la Bibliothèque nationale, les livres ainsi imprimés à la manière Chinoise font partie du département des manuscrits, et se trouvent conséquemment dans la division dont la garde m'est confiée : en suivant les mêmes principes, nous les comprendrons dans le travail que nous avons entrepris sur les manuscrits de cette inappréciable bibliothèque. Les cinq premiers volumes renferment un texte divisé en plusieurs chapitres, dont nous allons donner les titres et des extraits ; le sixième est rempli de gravures en bois, représentant les accessoires du culte des Mantchoux ; nous avons fait soigneusement copier les principaux sujets ; nous transcrivons et traduisons l'explication qui les accompagne.

Nous croyons ne pouvoir mieux commencer cet extrait que par la préface de l'empereur, placée à la tête même de l'ouvrage ; elle en fait connoître le but, l'utilité et même le contenu.

ORDRE ÉMANÉ DE L'EMPEREUR.

Nous Mantchoux d'origine, naturellement respectueux, pleins de droiture et de sincérité, dont la pensée est continuellement occupée d'honorer le ciel, *Fo,* et les esprits, avons toujours fait en leur honneur beaucoup de libations, d'offrandes et de sacrifices ; et tous les Mantchoux, suivant la doctrine de mon propre pays natal, observoient les cérémonies des offrandes et des sacrifices ; mais avec quelque différence, fort petite, à la vérité, car on ne s'écartoit pas considérablement du grand modèle : l'ensemble étoit à-peu-près le même.

Dans les évocations faites par la famille des *Kioro* (1), qui est la nôtre, ainsi que dans la maison des personnes attachées à la cour et chez les grands (nommés) *Ouang Koung,* on regardoit en particulier comme une chose essentielle toutes les paroles des sacrifices.

Autrefois les *Saman* (ou prêtres) nés dans le pays même, apprenoient, dès l'enfance, la langue Mantchoue : c'est pourquoi ils avoient déterminé les expressions convenables au genre d'affaires pour lequel ils faisoient des libations, des offrandes, de grands sacrifices, des sacrifices préparatoires pour obtenir le bonheur ; à la présentation des pains ; au sacrifice d'un cochon en faveur d'un malade ; à la présentation des gâteaux, afin d'être délivré des insectes, et d'obtenir la fertilité ; aux sacrifices en faveur des chevaux, enfin à tout ce qui concerne tous les sacrifices. Les Samans qui vinrent après eux ne parloient le mantchou qu'après

(1) Ou *Aïsin Kioro* Kioro d'or. Le mot *Kioro* est étranger aux langues Chinoise et Mantchoue, on ignore sa signification ; mais on sait que c'est le nom du plus ancien ancêtre connu de la dynastie Tatâre actuellement régnante à la Chine. On trouvera un précis sur sa naissance miraculeuse dans le sein d'une vierge qui le conçut après avoir mangé un fruit, et sur son élévation non moins extraordinaire, dans l'Éloge de la ville de Moukden, composé en chinois et en mantchou, par l'empereur Kien-long, traduit par le P. Amiot, &c. *p. 13, 223 et 225.*

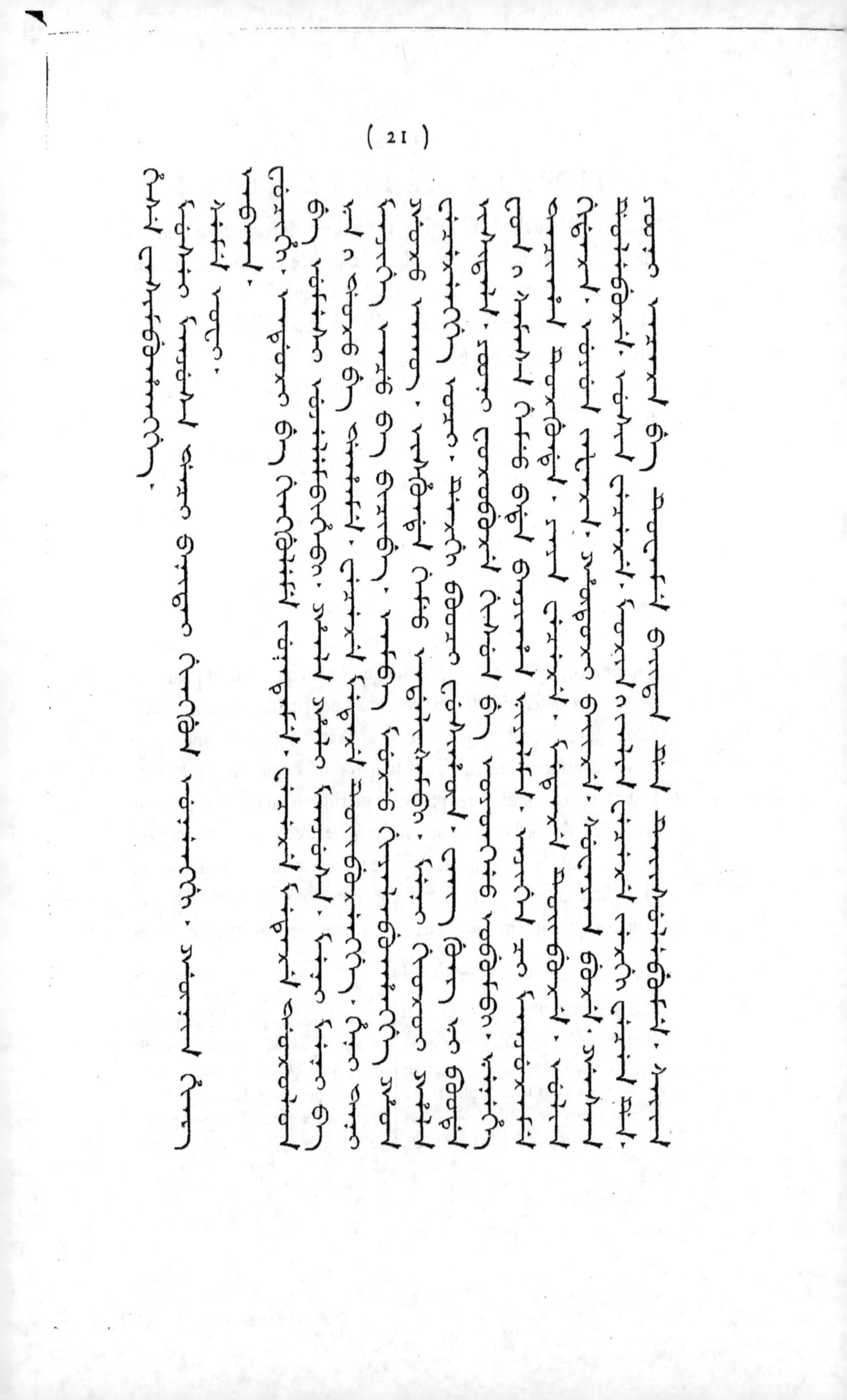

l'avoir étudié; et insensiblement on ne s'accorda plus sur le ton primitif ni sur les lettres radicales des mots qui étoient d'usage dans les différens sacrifices, et qu'on ne prononça alors que d'après la tradition. Aujourd'hui les princes même de ma famille, mais qui en sont séparés, ne s'accordent point entre eux pour la prononciation (des prières) qu'ils font de génération en génération dans leur maison. Ils diffèrent aussi de moi-même. Dès-à-présent il n'existe presque pas de conformité entre les cérémonies des sacrifices et autres pratiques religieuses, entre les prières que l'on récite aux sacrifices qui se font dans l'intérieur du palais, et les anciennes prières et l'ancien ton. Maintenant comment transmettre à la postérité des livres corrects? Comment parvenir à la réformer si l'on a perdu la tradition? Comment enseigner ce qui n'est plus, après avoir tant tardé. De plus, combien ne peut-on pas commettre d'erreurs ou d'omissions, en présentant ce qui n'est pas arrêté? C'est pourquoi ayant désigné les princes et les grands (1) que je voulois employer, je leur ai ordonné de s'instruire avec attention et respect, d'écrire chaque chose séparément, de dessiner les modèles des instrumens des sacrifices, de poursuivre leurs recherches de père en fils. Je leur ai ordonné de me présenter leur travail, et moi-même, j'ai déterminé, d'après des changemens, des recherches faites avec soin, le ton des lettres qui doivent composer les paroles des sacrifices qu'on offre dans l'intérieur du palais, lequel n'étoit

(1) Le texte porte *Ouang*, et *Ambasa* pluriel d'*Amban*. Le premier mot est purement Chinois [*Ouang*], que le P. du Halde prononce *Vang;* il signifie proprement *prince* ou *roi* (Descript. de la Chine, *t. II, p. 401, éd. in-4.°*). On donne particulièrement ce titre aux frères et parens de l'empereur, et aux gouverneurs des provinces; les Portugais l'ont rendu par le mot *regulo*, qui signifie *un petit roi*. Le mot *Amban* désigne un ministre, un grand officier de l'empire, *tsai - tche - ta - tchen* en chinois.

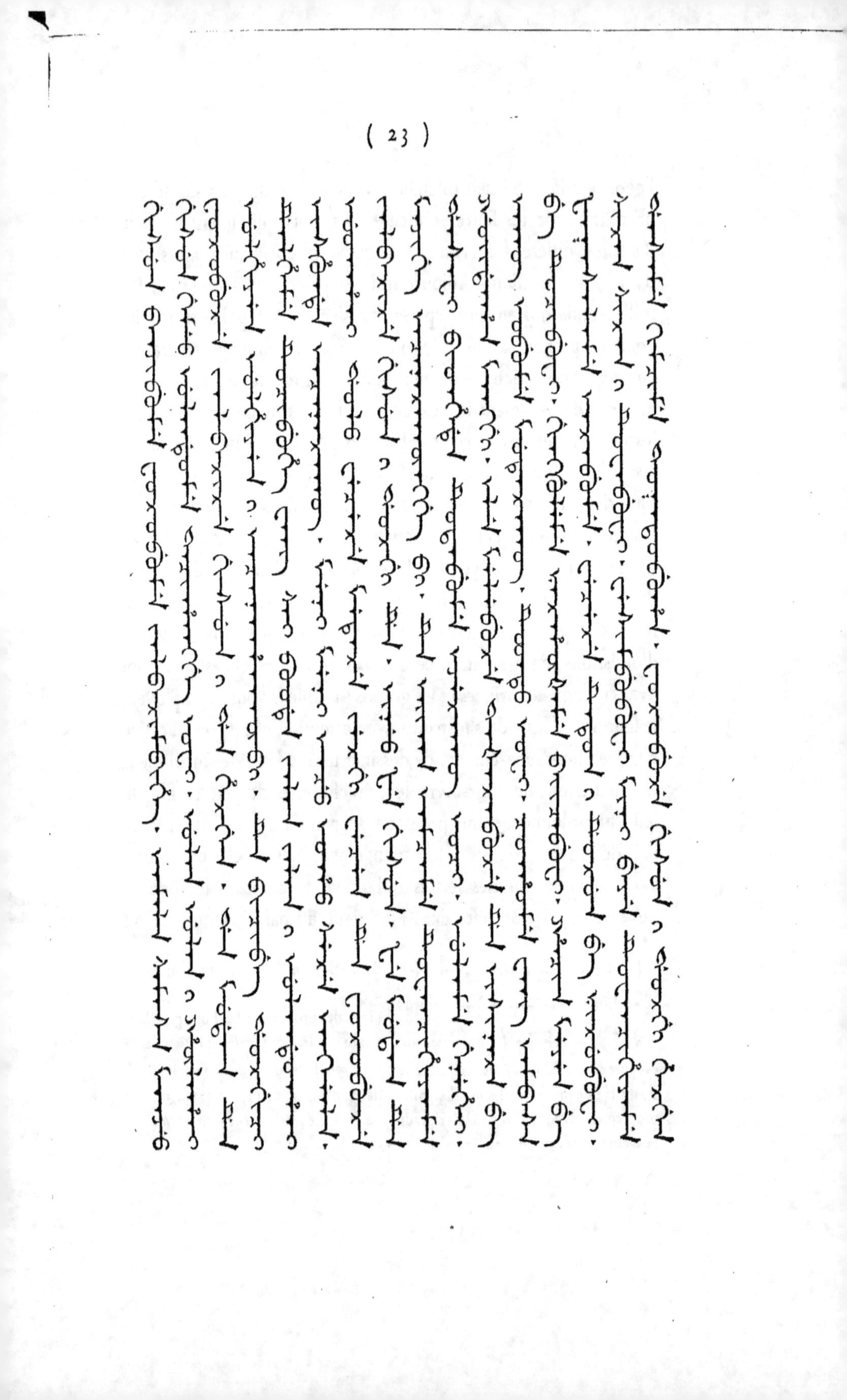

[illegible]

plus d'accord; soit après avoir consulté les vieillards, soit en interrogeant les habitans des pays éloignés. J'ai déterminé aussi ce qu'il falloit changer; en outre, les choses dont l'on fait usage le premier jour de l'an, dans l'intérieur du palais, (par exemple) l'arbre *nan-mou* [le cèdre] (1), et autres bois, n'avoient pas, autrefois, de nom dans la langue Mantchoue; je me suis appliqué à leur donner un nom conforme à la prononciation Chinoise, en traduisant en mantchou le nom original. Tout l'ouvrage est divisé en six cahiers. Par ce moyen, la doctrine des anciens Mantchoux désormais, et jusqu'aux temps les plus reculés, ne sera ni rejetée ni altérée. Que l'on sache que mon intention est de donner le plus grand lustre au rit des sacrifices. Maintenant que l'ouvrage est rédigé, je l'ai intitulé, *Recueil des usages (et cérémonies) établis pour les offrandes et sacrifices des Mantchoux;* que les noms des princes, des grands et des mandarins, qui ont contribué à sa rédaction, y soient inscrits; j'ai dit.

D'après l'ordre impérial,

Le *Recueil des usages (et cérémonies) établis pour les offrandes et sacrifices des Mantchoux par l'ordre de l'empereur*, étant entièrement terminé, on donne les noms des princes, des grands

(1) Ces deux mots Chinois signifient, littéralement, *arbre du midi.* Quoique l'empereur n'ait pas indiqué le mot créé par lui pour rendre le *nan mou* des Chinois, nous savons que c'est *anahoun* [Manchu script] mot qui ne se trouve pas, à la vérité, dans les matériaux qui nous ont servi à publier le Dictionnaire Mantchou-Français; mais ce mot existe déjà dans le XXIX.e volume, *p. 18, verso*, du Dictionnaire universel Mantchou intitulé [Manchu script] [*Livre du Miroir de la Langue Mantchoue, composé, augmenté et publié par l'empereur.*] Nous donnons ici l'article même.

« L'arbre anahoun (*nan mou* en chi» nois) croît dans les provinces méri» dionales; il a une fort belle tige, bien » droite et bien haute; ses feuilles res» semblent à des oreilles d'Ihan » (j'ignore la signification de ce mot). « On » en fait de grandes colonnes qui durent » plusieurs années; le bois a le tissu fin: » il est bon pour la gravure et la ciselure.» [Manchu script]

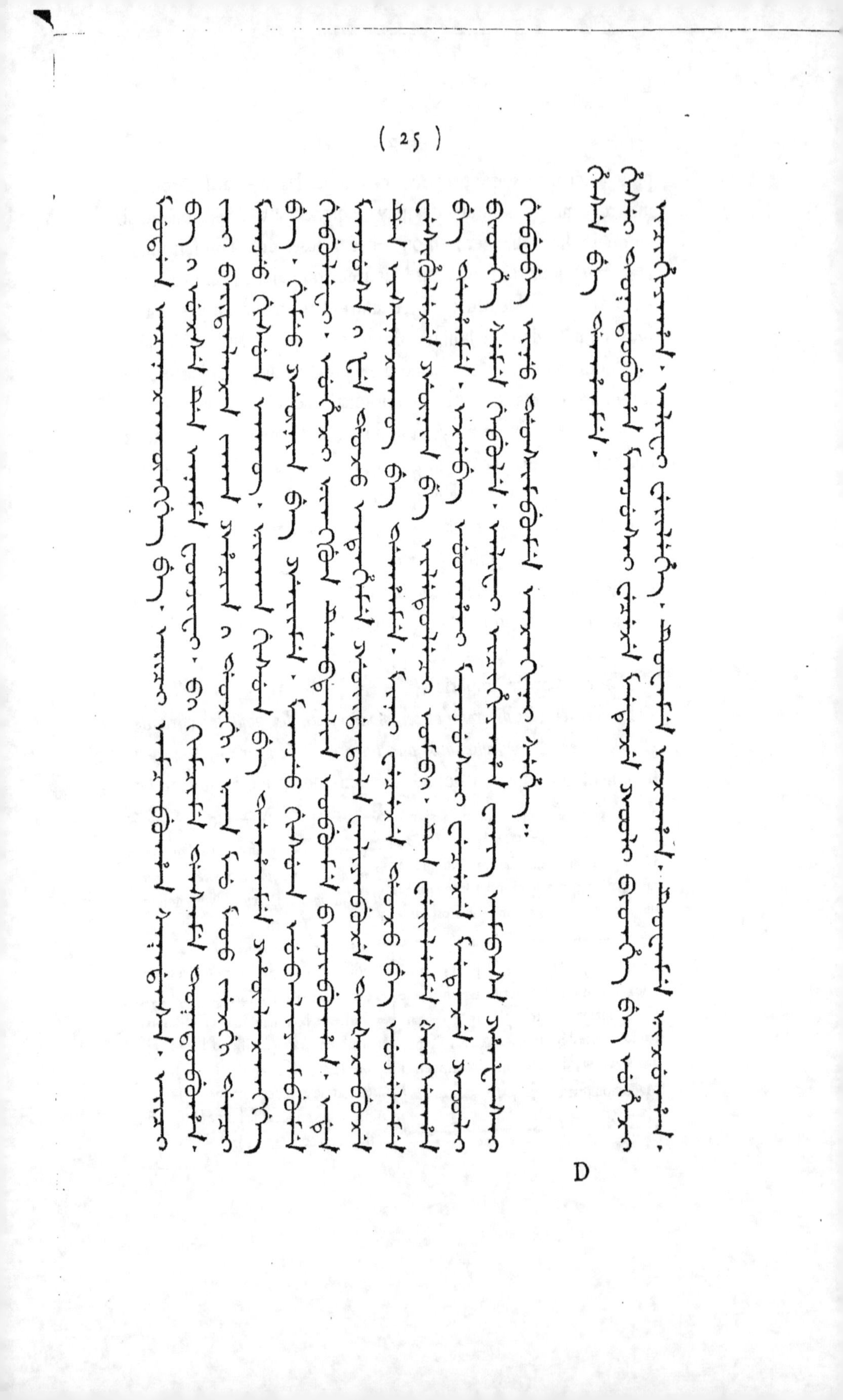

[illegible]

[illegible]

et des officiers qui ont inspecté l'écriture, le dessin, corrigé les épreuves : le tout disposé conformément à l'ordre impérial.

Le mandarin *Yun-Lou*, prince du sang, qualifié de *Tsin-Ouang* (ou de *Regulo* du premier ordre), inspecteur général des troupes de la bannière jaune, marqué de trois bonnes notes, président des mandarins et du tribunal où se traitent les affaires de l'intérieur du palais impérial (1).

Le mandarin *Yun-Tao*, prince du sang, qualifié de *Tsin-Ouang* (ou de *Regulo* du premier ordre), marqué de six bonnes notes, président du tribunal où se traitent les affaires des membres de la famille impériale (2).

Le mandarin *Houng-Tchéou*, prince du sang, qualifié de *Tsin-Ouang* (ou de *Regulo* du premier ordre), marqué de trois bonnes notes, président des mandarins, inspecteur des troupes de la bannière jaune chamarrée, président du tribunal où se traitent les affaires de l'intérieur du palais impérial, &c. (3).

Le mandarin *Fou-Heng*, marqué de trois bonnes notes en qualité de chef des troupes, marqué (encore) de trois (autres) bonnes notes, comte qualifié d'*invincible*, président de l'administration des trois trésors (4), mandarin du palais, chargé

(Ici le caractère Chinois avec la prononciation en Mantchou.)

(1) Le 16.e fils de l'empereur *Kang-hi*.

(2) Le 24.e fils de l'empereur *Kang-hi*.

(3) C'est le 5.e fils de l'empereur *Young-tching*, et le frère cadet de l'empereur *Kien-long*.

(4) *Gazophylacium*, *vel* suivant le *Dictionarium Latino-Sinico-Mantchou*, en trois vol. *in-fol.*, dont j'ai donné la Notice dans le cinquième vol. de ce recueil *p. 581-606*. Le mot ne se trouve pas dans le Dictionnaire Mantchou-Français que j'ai publié en trois vol. *in-4.o*

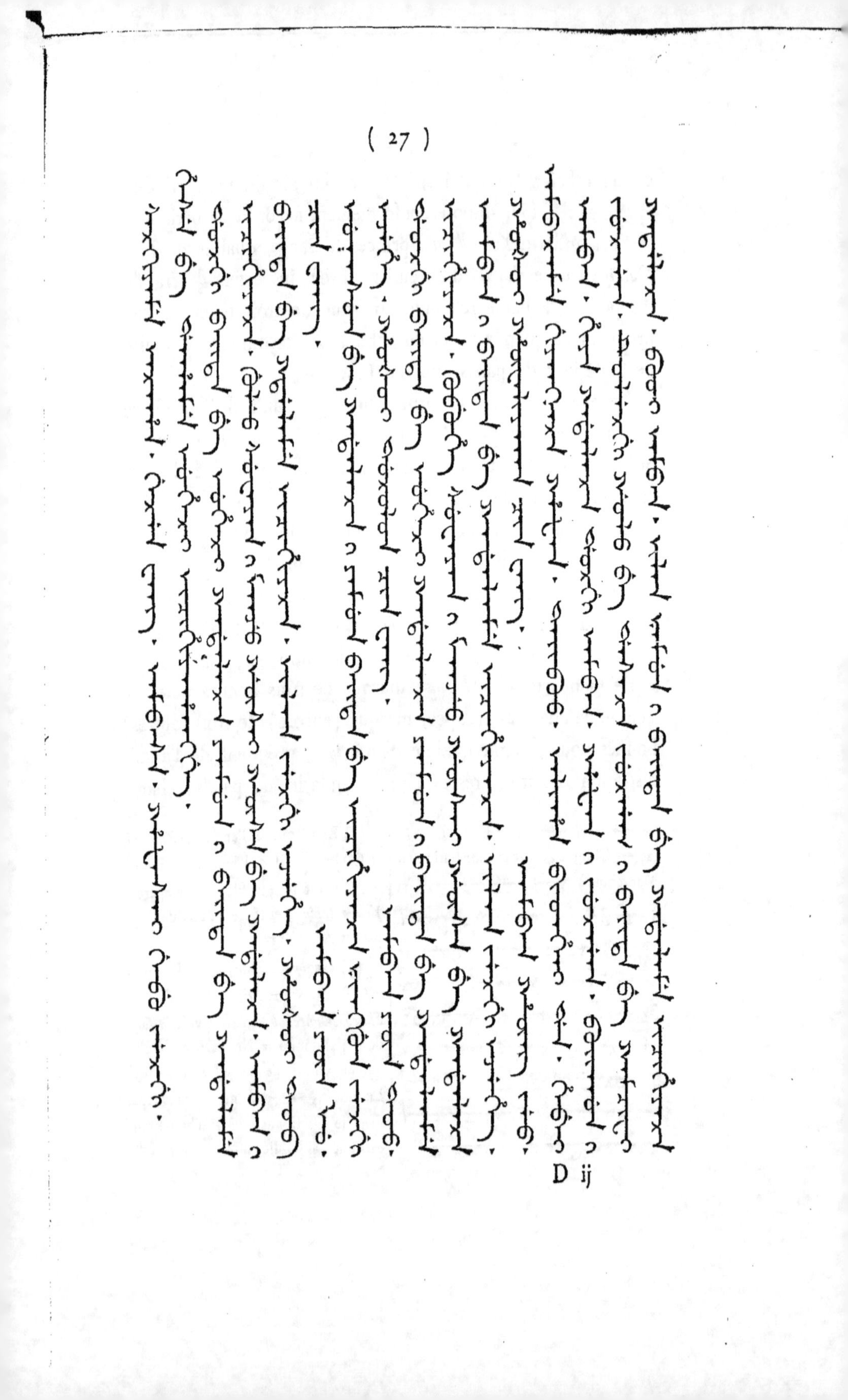

spécialement des affaires du tribunal des provinces extérieures, de celui des subsides, de celui des (promotions des) mandarins, capitaine des gardes du palais, conseiller militaire d'État, grand mandarin lettré, ministre de l'intérieur, mandarin chargé de l'examen (1).

Le mandarin *Lai-Pao*, un des grands du palais, inspecteur-général des membres du tribunal criminel, capitaine des gardes du palais, conseiller militaire d'État, grand mandarin lettré, grand-précepteur (2) et grand-maître (3).

Le mandarin *Hai-Ouang*, grand du palais, intendant du troisième trésor du tribunal des subsides, président du tribunal des rits, chef de la musique du palais, grand-maître.

Le mandarin *Sen-Hé*, conseiller militaire, président du tribunal des travaux publics, un des grands du palais, chargé de surveiller la conduite des magistrats composant le tribunal de l'intérieur, &c.

Le mandarin *Ataï*, marqué de trois notes ordinaires, marqué d'une bonne note comme chef militaire, d'une (autre bonne) note (comme) commandant en chef les guides de l'avant-garde de l'aile droite; en outre, grand porte-enseigne, chef des gardes d'élite, inspecteur général des magasins d'armes à feu à l'usage

(1) Que les mandarins du dehors subissent tous les trois ans.

(2) *Taï-Tsée*, c'est le grand-maître de l'État qui a l'intendance sur tous les officiers. C'est un mot Chinois qui signifie *grand fils*.

(3) *Taï-Fou*, ce ministre occupe la seconde dignité; il doit aider le *Taï-Tsée* dans son emploi, mais il lui est subordonné. Suivant le *Li-Ki*, ce magistrat est aussi chargé de l'éducation du prince héréditaire; il s'applique sur-tout à lui enseigner les devoirs réciproques du père et du fils, des princes et des sujets. *Voyez*, sur ces deux charges, l'Histoire générale de la Chine, &c., *t. I.er, p. 181 et 182;* Mémoires concernant l'histoire et les sciences des Chinois, *tom. X, pag. 15*. C'est un mot Chinois qui signifie *grand-père*.

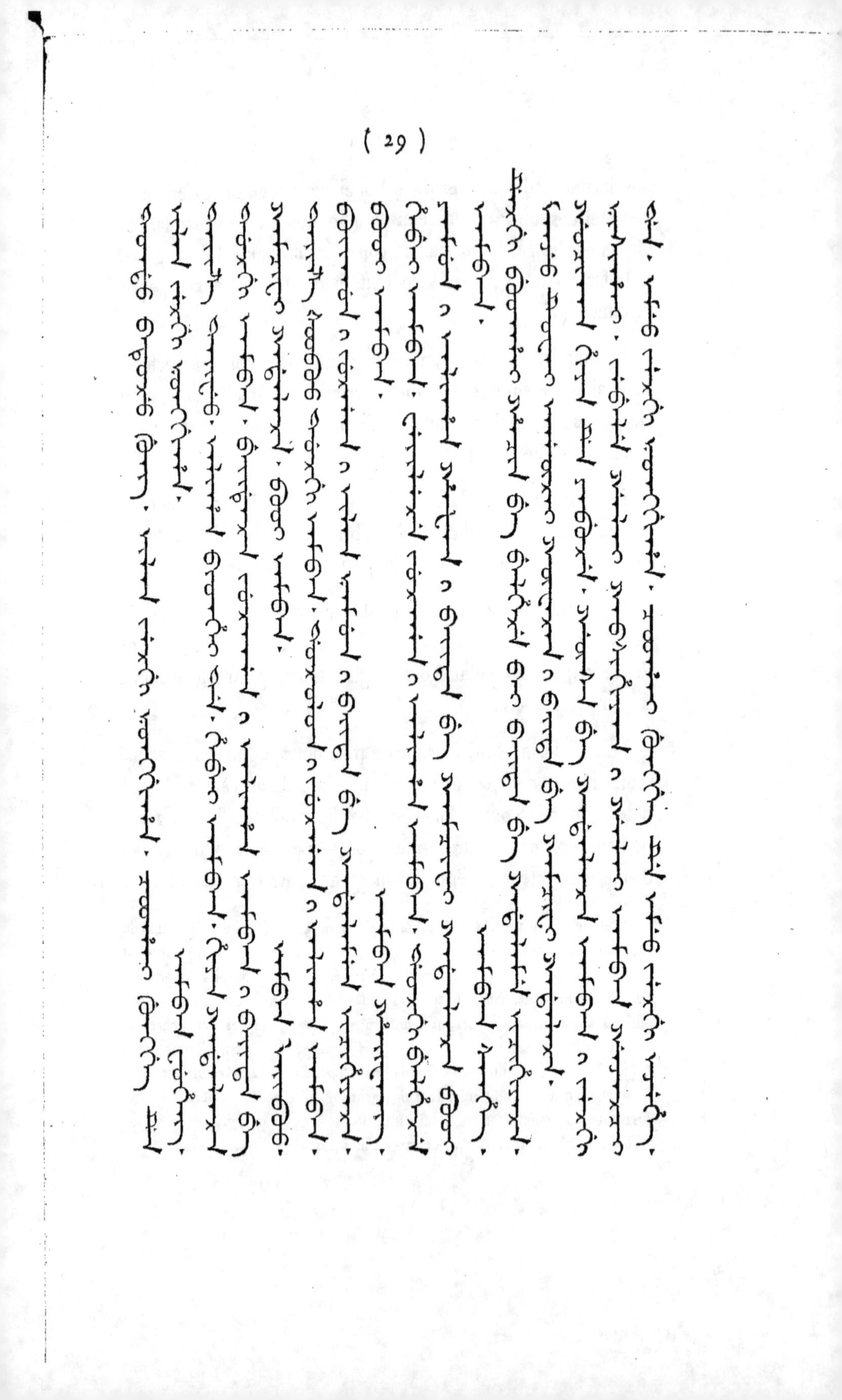

des Mantchoux, sur-intendant de tout ce qui concerne les pêches et chasses de l'empereur.

Mandarins Chargés de coopérer à la rédaction de l'ouvrage.

Le mandarin *Kouan-Tchou*, marqué de quatorze notes favorables, chargé d'inspecter ce qui concerne les six trésors (ou dépôts) du bureau (1) du grand magasin (c'est-à-dire, inspecteur des greniers publics).

Le mandarin *Sélé*, marqué de neuf notes favorables, président (2).

Le mandarin *Tchara*, marqué de quatre-vingts bonnes notes, capitaine d'une compagnie (3), président du bureau des cérémonies, conseiller de l'administration des cérémonies.

Le mandarin *Ming-Chan*, conseiller d'un des six tribunaux extérieurs, marqué de dix bonnes notes.

Le mandarin *Liou-Chi*, inspecteur des cuisines de l'empereur.

Mandarins chargés d'inspecter l'Écriture.

Le mandarin *Pao-Chan*, marqué de quinze bonnes notes, plus, de deux autres, capitaine d'une compagnie, chargé d'inspecter ce qui concerne les six trésors (ou dépôts) du bureau du grand magasin (c'est-à-dire, inspecteur des greniers publics).

Cheng-Kouang-Pao, officier du palais.

(1) Quoique dans le Dictionnaire Mantchou-Français, *tom. II, p. 19*, le mot [Manchu script] *tsée* ne soit indiqué que comme le nom d'un très-petit poids, dont dix font un *hoa*, nous devons observer que ce même mot, qui est d'origine Chinoise, désigne une administration, un bureau. On s'en sert également comme d'un titre honorifique.

(2) On n'indique pas de quel tribunal.

(3) *Nirouy-Tchanguin*, *Voy.* le Dict. Mantchou-Français, *t. I.er, p. 316*.

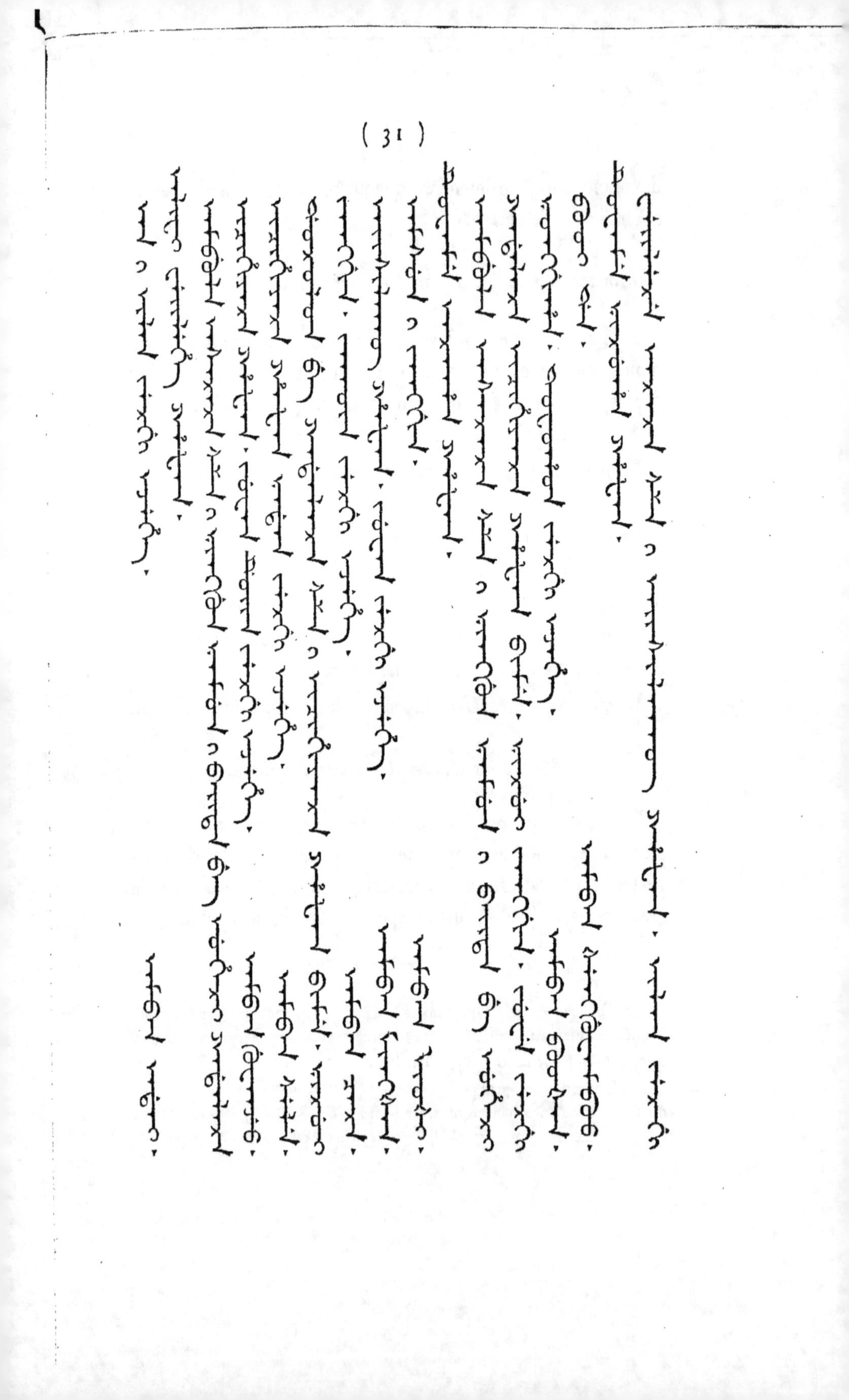

Mandarin chargé de présider aux Dessins.

Le mandarin *Pao-Ke*, marqué de trois bonnes notes, membre du bureau des travaux relatifs à l'écriture.

Mandarins qui ont mis le tout au net.

Le mandarin *Young-Tay*, marqué d'une bonne note, secrétaire en chef du bureau des cérémonies.

Le mandarin *Y-Ting-Piao*, secrétaire en chef.

Mandarins de la chambre, qui président aux Travaux littéraires faits aux frais de l'Empereur (et qui ont présidé à l'Édition de cet ouvrage.)

Le mandarin *Youn-Ke-Pao*, marqué de dix-sept bonnes notes, désigné pour six autres, capitaine d'une compagnie, trésorier des guerres en chef, pour trois bannières.

Le mandarin *Young-Tchoung*, marqué de quatre bonnes notes, désigné pour une autre, capitaine d'une compagnie, trésorier des guerres en chef, pour trois bannières.

Le mandarin *Young-Tai*, mandarin d'un des six tribunaux extérieurs, en qualité de garde-magasin en chef.

Le mandarin *Seng-Gué*, marqué de cinq bonnes notes, désigné pour une autre, garde-magasin en chef.

Le mandarin *Li-Pao*, désigné pour une bonne note, inspecteur.

[illegible]

Le mandarin *Yao-Ouen-Pin*, désigné pour deux bonnes notes, inspecteur.

Le mandarin *Housitai*, trésorier en chef.

Le mandarin *Kao-Young-Jin*, trésorier en chef.

[*Nota.* Le Discours suivant, et tout l'ouvrage, a été composé par les savans dont on vient de lire les noms et les qualités : l'empereur l'a ensuite revu lui-même ; et, en témoignage de son approbation, il a rédigé, et mis à la tête du premier volume, la préface qu'on vient de lire.]

RECUEIL

Des usages (et cérémonies) établis pour les Offrandes et Sacrifices des Mantchoux, par ordre de l'Empereur.

VOLUME I.er

Discours sur les Offrandes et les Sacrifices (qui sont en usage chez les Mantchoux).

CHAQUE jour, matin et soir, on fait des offrandes dans le *Koun-ning-koung* (1). Chaque lune on immole une victime ; chaque année on fait deux grands sacrifices, l'un au printemps, l'autre en automne. Au commencement des quatre saisons, on fait des oblations (en reconnoissance des bienfaits reçus et pour en demander de nouveaux). Chaque lune encore on suspend des papiers, tant dans le tabernacle destiné aux sacrifices, que dans

(1) Le *Koun-ning-koung* est la chapelle particulière dans laquelle on conserve l'idole *Fo. V.* ci-ap., *p. 60*, et *pl. VI, 27 et 28.*

ᡩᠣᠪᠣᠯᡳᠮᡝ ᡩᡝ ᠨᡳᠶᠠᠯᠮᠠ ᡥᡠᠸᠠᠩᡤᡳᠶᠠᠮᡝ᠈ ᠠᠮᠪᠠᠨ ᠰᡠᠸᡝ ᡩᡝ ᠪᡝ᠈

ᠨᡳᠶᠠᠯᠮᠠ ᡳ ᡩᡝ᠈ ᠠᠮᠪᠠᠨ ᡳᠰᡳᡥᠠᠩᡤᡝ᠈

ᠨᡳᠶᠠᠯᠮᠠ ᡳ ᡩᡝ᠈ ᠠᠮᠪᠠᠨ ᡨᡠᠮᡝᠨ ᠰᡠᠸᡝ᠈

ᡝᠨᡩᡠᡵᡳ ᠪᡝᠶᡝ ᡳᠨᡳᠩᡤᡝ ᠴᡳᡥᠠᠯᠠᠮᡝ ᠨᡳᠶᠠᠯᠮᠠ ᡳᠨᡳ ᡥᠠᡵᠠᠩᡤᠠ ᠪᡝᠶᡝ᠈

ᠮᡠᡨᡝᡵᡝ ᠪᡝᠶᡝ᠈

ᡩᡝᡵᡤᡳ ᡳᠨᡳᠩᡤᡝ ᠰᡳᠨᡩᡝ ᠪᡳᠰᡳᡵᡝ᠈

ᠨᡳᠶᠠᠯᠮᠠᡳ ᡨᡠᠴᡳᡥᡝ ᡨᡝᡵᡝ ᠨᡳᠶᠠᠯᠮᠠ᠈ ᡩᡝᡵᡤᡳ ᠪᡳᠰᡳᡵᡝ ᡳᠨᡳᠩᡤᡝ᠈ ᠠᠮᠪᠠᠨ ᡨᡠᠴᡳᡥᡝ᠈

ᠨᡳᠶᠠᠯᠮᠠᡳ ᠪᡝᠶᡝᡳ ᡩᡝ ᡨᡠᠸᠠᠮᡝ ᡨᡝ᠈ ᠠᠮᠪᠠᠨ ᡨᡝᡵᡝ᠈

celui qui est spécialement consacré à l'esprit *Chang-si* (1), au printemps et à l'automne : dans ces deux saisons on plante le mât pour se disposer au grand sacrifice. Toutes les cérémonies qui s'observent alors et dans tous les sacrifices, de quelque espèce qu'ils soient, nous ont été transmises par nos ancêtres. Elles sont venues (jusqu'à nous) avec une beauté et une majesté auxquelles il n'y a certainement rien à ajouter.

Cependant, comme nos anciens *Samans* étoient tous très-habiles dans la langue Mantchoue, quand il falloit alors rendre des actions de grâces, on composoit des paroles convenables aux sacrifices et aux prières. La science des *Samans* qui vinrent ensuite n'approchoit pas, à beaucoup près, dans le mantchou, de celle de leurs prédécesseurs; ils ne parloient la langue qu'en l'étudiant; et il ne restoit point de livre des sacrifices; les mots qu'on prononçoit avoient passé; bientôt on s'écarta un peu du ton des paroles, dans différens endroits; mais aujourd'hui, les paroles qu'on prononce au sacrifice, en suspendant les monnoies, le papier, en récitant les prières, tout le sacrifice en un mot,

(1) le même que les Chinois appellent *Chang-ti;* c'est ainsi qu'ils désignent l'Etre suprême, l'auteur des choses. « *Chang* signifie *auguste, souverain* ou *suprême seigneur;* » *ti* signifie *maître, roi, prince, souverain.* Ces deux caractères expriment, » dans les anciens livres Chinois, ce » qu'il y a de plus digne de respect et » de vénération, le souverain seigneur, et le maître des esprits et des » hommes. » *Chang-ti* est le synonyme de *tien,* mot qui désigne à-la-fois l'auteur des choses et l'univers [le ciel proprement dit]. Le *Chang-ti* a été le premier objet du culte des anciens Chinois; mais le regardoient-ils comme un être intelligent, comme l'auteur des choses et le modérateur de l'univers, ou plutôt n'adoroient-ils pas sous ce nom le ciel visible et matériel, ou une certaine puissance céleste, mais destituée d'intelligence, et inséparable de la matière identifiée avec le ciel ! c'est ce que le savant P. Duhalde n'a point osé décider, avec toute son immense érudition Chinoise; nous savons seulement que dès les temps les plus reculés de leur monarchie, les Chinois sacrifioient au *Chang-ti* ou *Tien,* et lui offroient les grains produits par la terre que l'empereur avoit labourée lui-même à la cérémonie

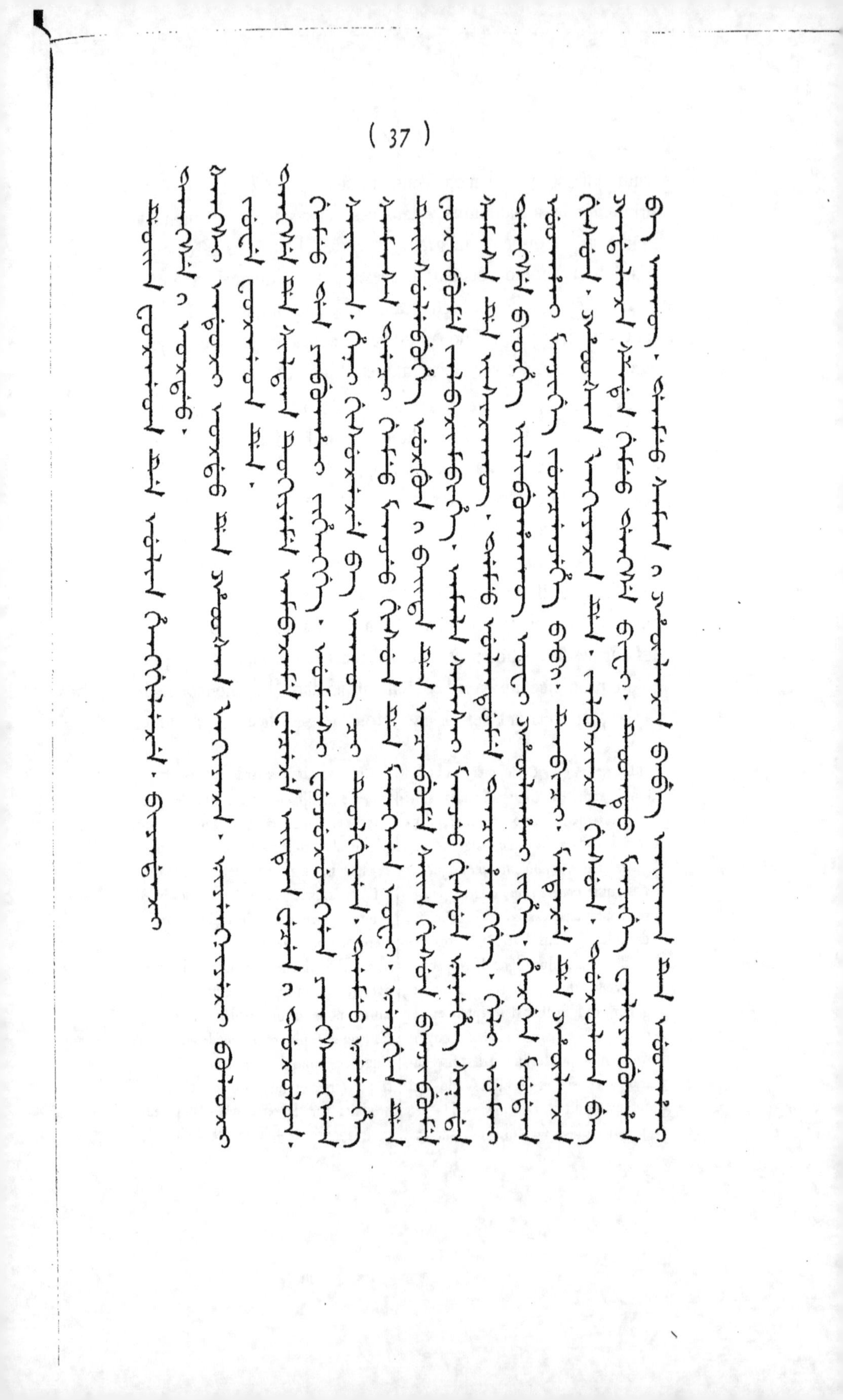

[illegible]

étant consigné au secrétariat des rits, il y a peu de choses, ou rien, à rejeter. Quant aux paroles que les *Samans* doivent prononcer, et qui ont été prescrites pour les sacrifices, comment, dès à présent, ne pas les oublier? Certainement la tradition des paroles et du ton, déterminée par les décrets suprêmes de notre maître divin (1), finira, peu-à-peu, par s'altérer.

C'est pour éviter un tel inconvénient, que nous avons fait transcrire et rechercher avec soin toutes les paroles et les prières dont les *Samans* du palais se servent, soit pour offrir des sacrifices, soit pour évoquer l'esprit, pour prier, pour faire des offrandes, pour demander le bonheur, &c. (et nous avons reconnu) que les lettres des mots sont considérablement altérées, de manière que les *Samans* de l'aîle droite de l'armée impériale diffèrent beaucoup de notre propre manière de prononcer.

Cela étant ainsi, (nous avons ordonné que) l'on s'occupât de transcrire les paroles des sacrifices (que l'on offre) dans le palais des princes du sang et des chefs des cinq bannières; en outre, celles du sacrifice que l'on offre à l'esprit devant la maison des chefs parmi les anciens *Samans.* Nous avons fait un choix de toutes les paroles destinées aux prières, après nous être accordés, avoir respectueusement consulté tout le corps des magistrats,

du labourage. Malgré leur grande vénération pour tout ce qui leur vient de leurs ancêtres, malgré la surveillance active et continuelle du tribunal des rits, institué spécialement pour maintenir dans sa pureté le culte du *Chang-ti*, non-seulement d'autres religions se sont établies à la Chine, mais encore on l'a amalgamé avec ces autres religions. C'est ainsi qu'on voit ici le *Chang-ti* partager avec *Fo* les hommages du souverain *Tatâro-Chinois* et ceux de ses sujets. *Voyez*, sur le *Chang-ti*, des détails fort curieux, dans la Description de l'Empire de la Chine, par le P. Duhalde, *t. IV, p. 3-18*, de l'édition *in-4.°* de Hollande, et le *Chou-king*, l'un des livres sacrés des Chinois, &c. publié par le célèbre et savant M. de Guignes, *p. CXIII, CXX, 223, 136 & passim.*

(1) [illegible] *endouringué etchen*, c'est-à-dire l'empereur, que les Chinois regardent comme

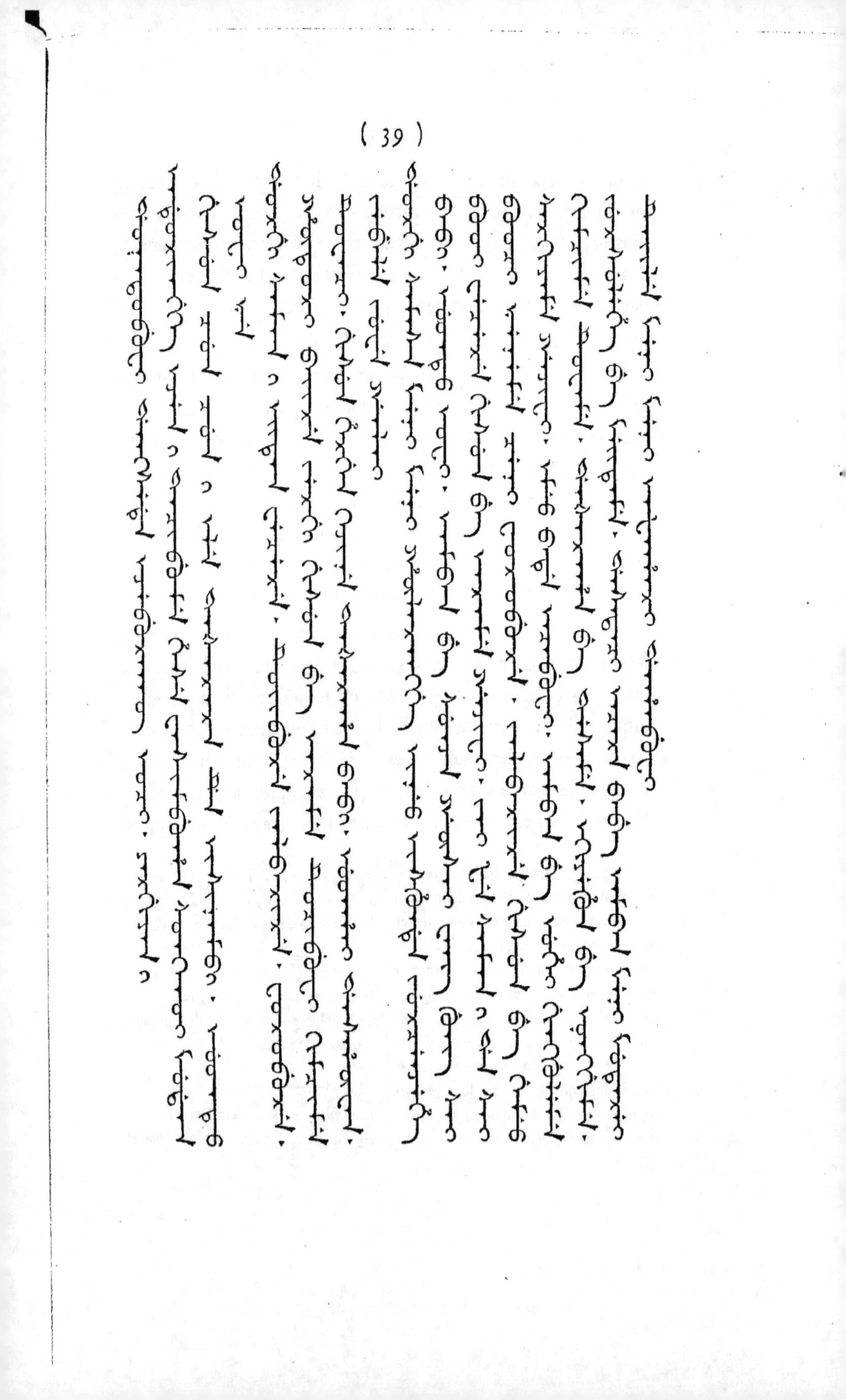

corrigé les erreurs, suppléé les lacunes, supprimé les répétitions, avoir arrangé (le tout) comme il convenoit, autant que nous le pouvions, nous autres mandarins, et mis tout l'ensemble qui dépendoit de nous; nous l'avons présenté à sa majesté. Puisse-t-il obtenir son approbation ! c'est ce que nous demandons encore avec respect.

Outre cela, nous avons changé et corrigé toutes les prières et les autres paroles qu'on emploie dans les sacrifices qui se font chaque jour dans le *Koun-ning-koung*, dans ceux que l'on offre tant pour ses propres chevaux en particulier que pour toute l'espèce, après avoir sacrifié chez soi, et qui avoient besoin de correction. L'ouvrage étant ainsi (rédigé), nous l'avons respectueusement copié séparément; nous l'avons soumis à l'examen de sa majesté; après que ce maître divin aura indiqué le point dont il ne faut pas s'écarter, on possédera par écrit un ouvrage parfait qui aura cours jusqu'à la fin des siècles. Les princes du sang impérial, les parens de l'empereur, de la famille des *Kioro*, et nous aussi qui portons le nom de *Kioro*, Mantchoux attachés à la cour, qui sacrifions à l'esprit des ancêtres, et qui desirons nous conformer aux amendemens, et qui les avons adoptés, tous les Mantchoux enfin, grâce au bienfait du maître divin, ne laisseront pas anéantir les anciens rits des Mantchoux; nous souhaitons qu'ils subsistent éternellement. Présenté à l'empereur.

une émanation de la divinité. On le nomme, en Chinois, *Tien-tsée*, fils du Ciel; *Hoang-ti*, auguste et souverain empereur; *Ching-hoang*, saint empereur, &c. &c. Lui seul a le droit de sacrifier publiquement au *Chang-ti*; il est à-la-fois souverain pontife et autocrate. Cette réunion de l'encensoir et du sceptre le rend également respectable aux yeux des prêtres et aux yeux du peuple; elle me semble une des principales causes de la longue durée de l'empire Chinois; elle donne, à mon avis, une grande supériorité à cette monarchie sur celles où les souverains n'exercent qu'un pouvoir temporel et purement civil, tant sur leurs sujets que sur les corporations sacerdotales. — Je

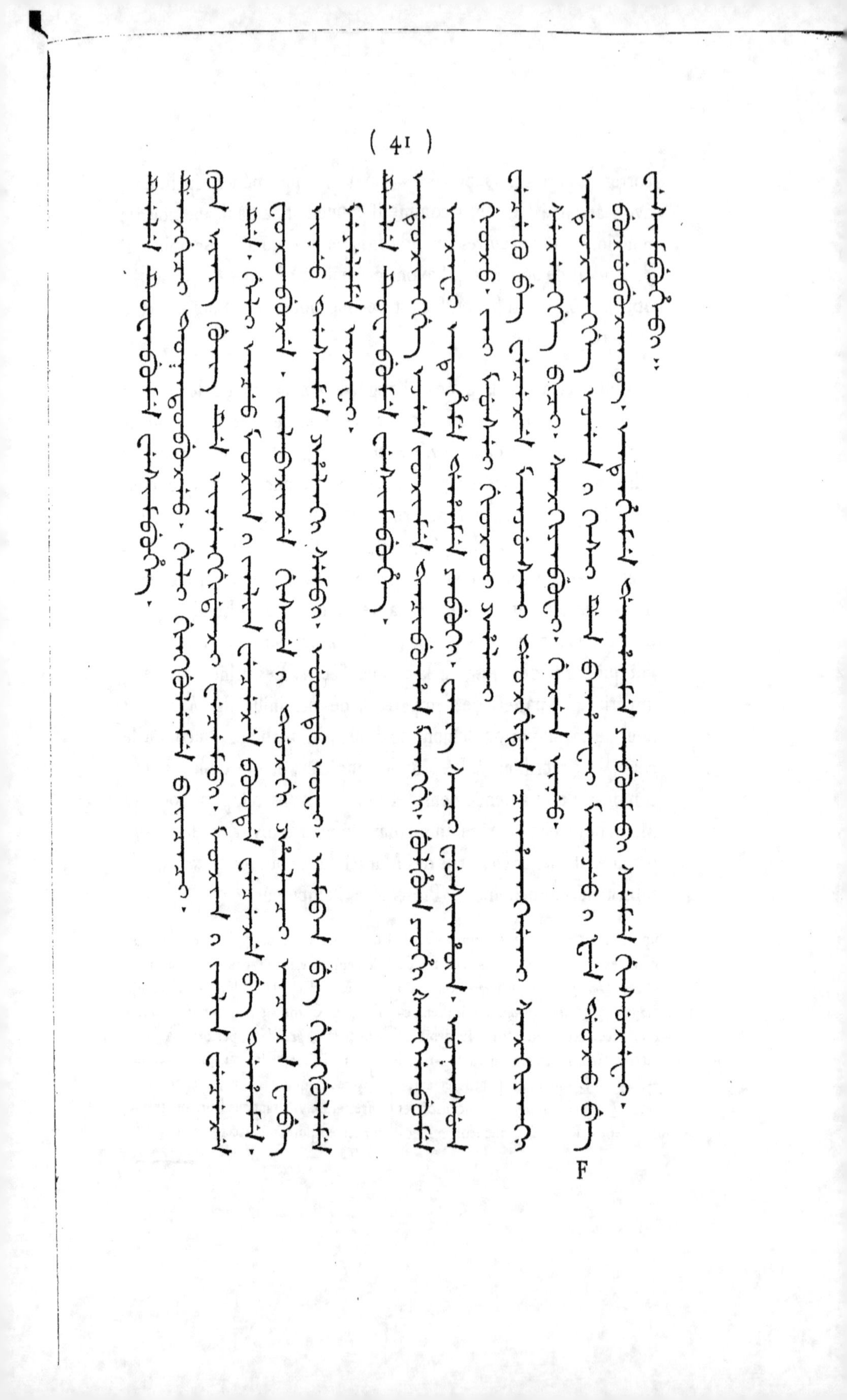

La *préface* de l'empereur et l'espèce de *discours préliminaire* dont je viens de donner la traduction, forment la partie de l'ouvrage la plus instructive : je ne prétends pas que le reste soit à dédaigner ; mais comme il faudroit dévorer des détails extrêmement fastidieux pour trouver quelques passages réellement intéressans dans la longue série de cérémonies et de prières qui composent les cinq premiers volumes, je me borne à présenter les titres des chapitres qu'ils contiennent. Je donnerai ensuite un choix des gravures en bois renfermées dans le sixième volume. Ces gravures, qui représentent les principaux instrumens

ne terminerai pas cette note sans faire une observation, de peu d'importance pour la plupart des lecteurs, mais utile pour ceux qui veulent s'occuper d'étudier le Tatâr. On a pu remarquer que le mot [illegible] et plusieurs autres, excédoient l'alignement du haut de la page, et que la ligne précédente dont ils dépendoient, et où ils auroient pu trouver place, n'étoit pas terminée. Ceci tient à un usage sacré, auquel on ne sauroit manquer sans crime, et qui veut que, dans les livres, tant Mantchoux que Chinois, tous les mots qui désignent le Ciel [illegible] l'empereur [illegible] [illegible] [illegible] *&c.* la cour [illegible] *&c.*, et tout ce qui mérite du respect, commence une ligne plus haute que les autres, &c. *Voyez* l'éloge de Moukden, &c., *note, p. 32.* Au témoignage du P. Amiot je joindrai celui d'un historien Persan nommé *Djémâl-êddyn A'bdoûl-rizâq*, natif de Samarqand, جمال الدين عبد الرزاق السمرقندي auteur d'une histoire des descendans de Tamerlan, intitulée مطلع سعدين وجمع بحرين *lever des deux astres heureux, et jonction des deux mers.* Cette histoire renferme la relation et les pièces officielles de différentes ambassades que s'envoyèrent réciproquement Châh-rokh fils de Tamerlan, et Daï-ming, empereur de la Chine. L'auteur donne les détails suivans immédiatement avant la traduction Persanne d'une lettre Chinoise. « La lettre » du monarque Chinois qu'on va lire, » dit-il, a été fidélement traduite et » écrite à la manière du pays. D'abord » on met à la tête le nom de l'empereur, » et l'on commence l'autre ligne à quel» que distance de la première : toutes » les fois qu'on rencontre le nom de » *Dieu*, il faut recommencer une autre » ligne dont ce nom forme le premier » mot. On observe la même méthode » pour le nom du prince, &c. »

ومكتوب پادشاه ختا بقاعدهٔ ایشان نقل کرده شد طریق ختاییان انست که در مکتوب نام پادشاه بر اول سطر

et ustensiles du culte Chamanique, ont été réduites de moitié, et exécutées avec une fidélité minutieuse, afin de donner une idée précise de la forme de chaque objet et de l'état de la gravure en bois à la Chine ; c'est la seule que connoissent les Chinois, et ils en tirent un grand parti, puisqu'elle constitue la base de leur typographie ; art bien moins perfectionné chez eux que chez les Européens, mais à l'aide duquel ils peuvent polytyper tous les caractères exotiques suivant la disposition qui leur est propre, et les entremêler sans la moindre difficulté, tandis que pour intercaler, par exemple, des passages Mantchoux dans un texte Français,

نویسند وسطرها بمقداري اندك ازآن
فروتر كيرند و هرجا كه در اثناء مكتوب
بنام خداي تعالي رسند بآنجا كه رسيك
باشد كذارند وباز نام الله تعالي از
اول سطر كيرند واكر چنانچه بذكر
پادشاه رسند همين طريق مسلوك دارند

Voy. la traduction de ce fragment historique que j'ai publiée en un vol. *in-8.°*, avec des notes, sous le titre d'Ambassades réciproques d'un roi des Indes, de la Perse, &c. et d'un empereur de la Chine, &c. *p. 52 & 53 ; & p. 109* du manuscrit Persan, n.° 106. *Voyez* aussi ce même fragment, publié en caractères originaux, avec une traduction Angloise et des notes, par M. William Chambers, membre de la société Asiatique de Calcutta, dans le premier numéro de l'*Asiatick miscellany consisting of original productions, translations, fugitives pieces, &c. and extracts from curious publications*, recueil extrêmement intéressant, imprimé à Calcutta en 1785 et 1786, mais dont il n'a paru que huit numéros formant deux volumes *in-4.°* devenus absolument introuvables à cause du très-petit nombre d'exemplaires qu'on en a tirés, et de l'éloignement du lieu où il a été imprimé. Le fragment dont nous venons de parler n'est pas le seul extrait qui ait paru de l'intéressant ouvrage de *A'bdoûl-rizâq*. J'ai traduit la relation d'une ambassade dont lui-même fut chargé par Châh-rokh auprès du roi de Bisnagar dans l'Inde, pendant les années de l'hégire 845-849 [1442-1444 de l'ère vulg.] Le but du prince Persan étoit d'établir des relations politiques et commerciales entre la Perse, la Tatârie et l'Hindoùstân ; ainsi l'objet de cette ambassade exigeoit un négociateur habile et instruit, il n'est donc pas étonnant qu'elle ait été confiée à notre historien : il s'acquitta, en effet, de cette importante mission avec autant de talent que de succès, et recueillit des notes fort intéressantes, comme on peut en juger par sa relation dont on trouvera la traduction dans le II.° vol. de ma Collect. portative des Voyages, traduits de différentes langues Orientales et Européennes.

il faut, ou laisser des *blancs* considérables, ou coucher horizontalement le caractère qui s'écrit perpendiculairement. C'est ce dernier parti que j'ai pris, puisqu'il suffit de présenter la page sur sa longueur, pour voir le caractère Mantchou dans sa véritable direction.

PREMIER VOLUME.

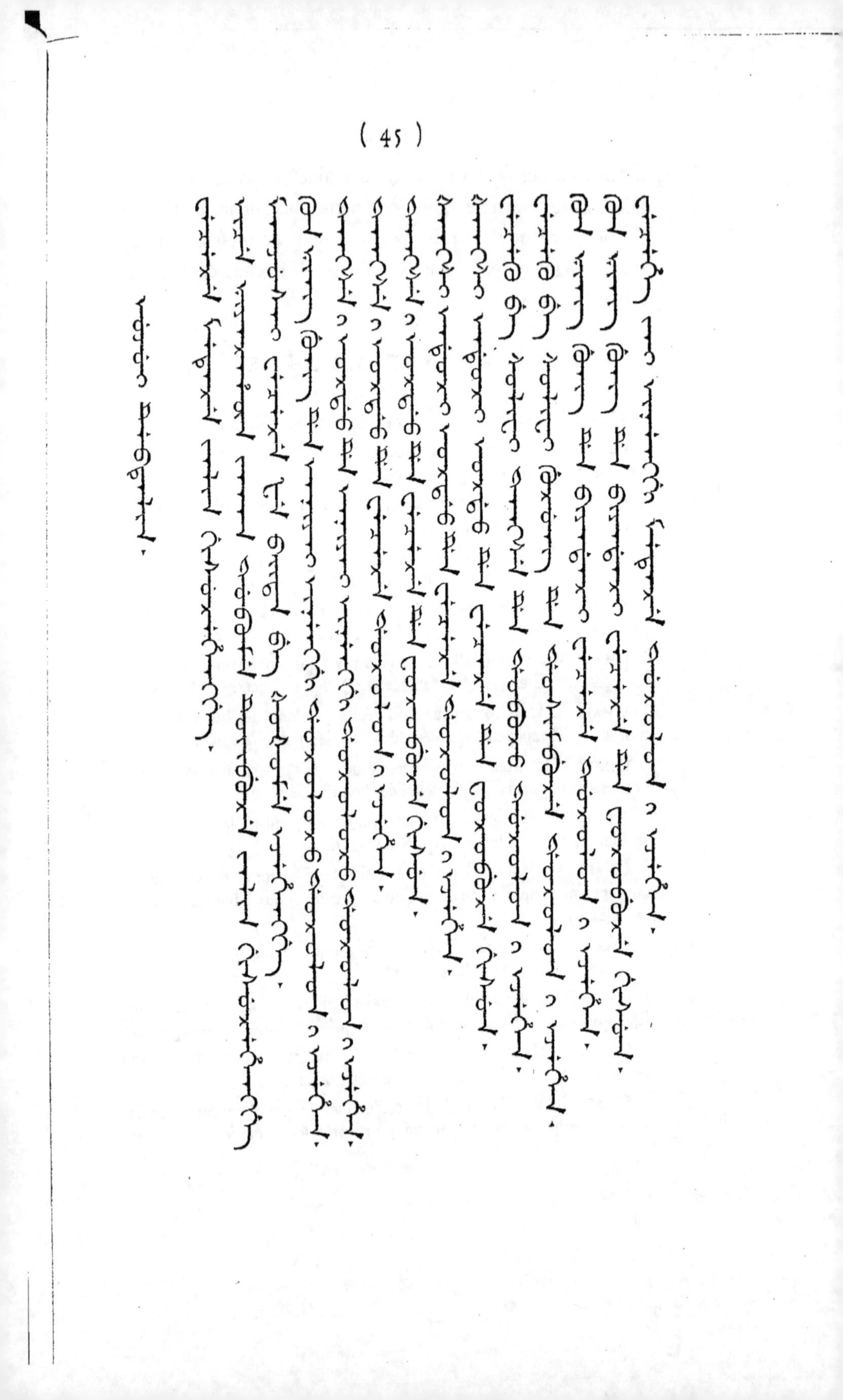

CHAP. XV. Paroles (qu'on récite) pendant le sacrifice du second jour après les offrandes.

SECOND VOLUME.

CHAP. I.er Mémorial des cérémonies (qui s'observent) pendant qu'on officie, les jours ordinaires, dans la chapelle *Koun-ning-koung.*

CHAP. II. Paroles (qui se disent) pendant qu'on officie, les jours ordinaires, dans (la chapelle) *Koun-ning-koung.*

CHAP. III. Mémorial des cérémonies (qui s'observent) aux quatre saisons, pour remercier des biens (reçus, ou pour en demander de nouveaux).

CHAP. IV. Paroles (qui se disent) pendant les cérémonies (qu'on observe) aux quatre saisons pour remercier des biens (reçus, ou pour en demander de nouveaux).

CHAP. V. Mémorial des cérémonies (qui s'observent) pendant qu'on lave (l'idole de) *Fo* (1).

CHAP. VI. Paroles (qui se disent) pendant qu'on lave (l'idole de) *Fo.*

TROISIÈME VOLUME.

CHAP. I.er Mémorial des cérémonies (qui s'observent) pendant les petits sacrifices préparatoires, et les offrandes qui se font deux jours de suite avant le grand sacrifice (2).

CHAP. II. Paroles (qui se disent) pendant les petits sacrifices préparatoires, et les offrandes qui se font deux jours de suite avant le grand sacrifice.

CHAP. III. Mémorial des cérémonies (qui s'observent) lorsqu'on élève le mât (pour signal) du grand sacrifice.

(1) Ou Bouddah. *Voyez* ci-d., *p. 9. et suiv.* « Le véritable respect et la vénération pour » l'esprit *Fo*, dit l'empereur *Kang-hi*, con- » sistent proprement dans le cœur. Depuis la » dynastie des Tangs et celle des Songs jusqu'à » présent, voici l'usage qui s'est introduit. Le » jour que l'on doit offrir à *Fo*, on commence » par faire peindre l'effigie de ce même *Fo*; » on lui fait des offrandes sur l'autel, et on » l'expose à la vénération. Quand le sacrifice » est fini, on brûle cette image. Quoiqu'un pa- » reil usage ne porte point préjudice aux rits » des grands sacrifices, il ne s'accorde pas » beaucoup avec la droite raison..... » *Voyez* les Mémoires concernant l'histoire et les sciences, &c. des Chinois, *t. IX, p. 176.* J'ai tout lieu de croire que l'on a supprimé la cérémonie de brûler l'idole de *Fo.*

(2) *V.* le Dictionnaire Mantchou-Français, *tom. I.er, p. 244.*

CHAP. IV. Paroles (qui se disent) lorsqu'on élève le mât pour le grand sacrifice.

CHAP. V. Mémorial des cérémonies (qui s'observent) pendant les grands sacrifices dans (la chapelle) *Koun-ning-koung.*

CHAP. VI. Paroles qui (se disent) pendant les grands sacrifices dans (la chapelle) *Koun-ning-koung.*

CHAP. VII. Mémorial des cérémonies (qui s'observent) le second jour des grands sacrifices.

CHAP. VIII. Paroles (qui se récitent) pendant les cérémonies du second jour des grands sacrifices.

QUATRIÈME VOLUME.

CHAP. I.er Mémorial des cérémonies (qui s'observent) lorsqu'on demande le bonheur.

CHAP. II. Paroles (qui se disent) pendant les cérémonies de la prière pour le bonheur.

CHAP. III. Paroles (qui se disent) en demandant le bonheur pour les enfans à la mammelle.

CHAP. IV. Paroles (que l'on récite) pendant qu'on offre un poussin.

CHAP. V. Paroles (qui se disent) lorsqu'on offre une jeune oie domestique (1).

CHAP. VI. Paroles (qui se disent) lorsqu'on offre un poisson.

CHAP. VII. Paroles (qui se disent) lorsqu'on offre un faisan. (2)

CHAP. VIII. Paroles (qui se disent) pour les offrandes de choses nouvellement acquises, de quelque espèce qu'elles soient.

(1) *choron niongniaha*, le premier mot désigne les petits des oies, des canards, &c.; le second est un nom générique sous lequel sont compris huit espèces d'oiseaux qui peuvent être rangés dans la classe des oies. Parmi ces huit espèces d'oies on distingue les blanches, elles ressemblent aux canards sauvages, mais sont plus petites; elles ont une force et une adresse extraordinaires; leur plumage ne le cède pas en blancheur à celui du cygne, et elles font la chasse aux poissons. Ce sont des oiseaux de passage comme les canards sauvages; ils évitent les climats chauds, et recherchent les bords des lacs et les marais. *Voyez* l'Éloge de la ville de Moukden, *p. 30, et note, p. 258 et 264.*

(2) *oulhouma*, oiseau que les Chinois appellent *yé-ki* ou *coq sauvage.* C'est notre faisan ou coq de bruyère. La Description géographique de Moukden nous apprend qu'à la septième lune, c'est-à-dire au commencement de l'automne, on se contente de prendre à la chasse quelques faisans pour être offerts en sacrifice; mais au commencement de l'hiver on fait la grande chasse aux faisans pour les offrir en tribut. *Voyez* l'Éloge de la ville de Moukden, *note, pag. 257,* et Description de la Chine, par le P. Duhalde, *tom. IV, p. 168.*

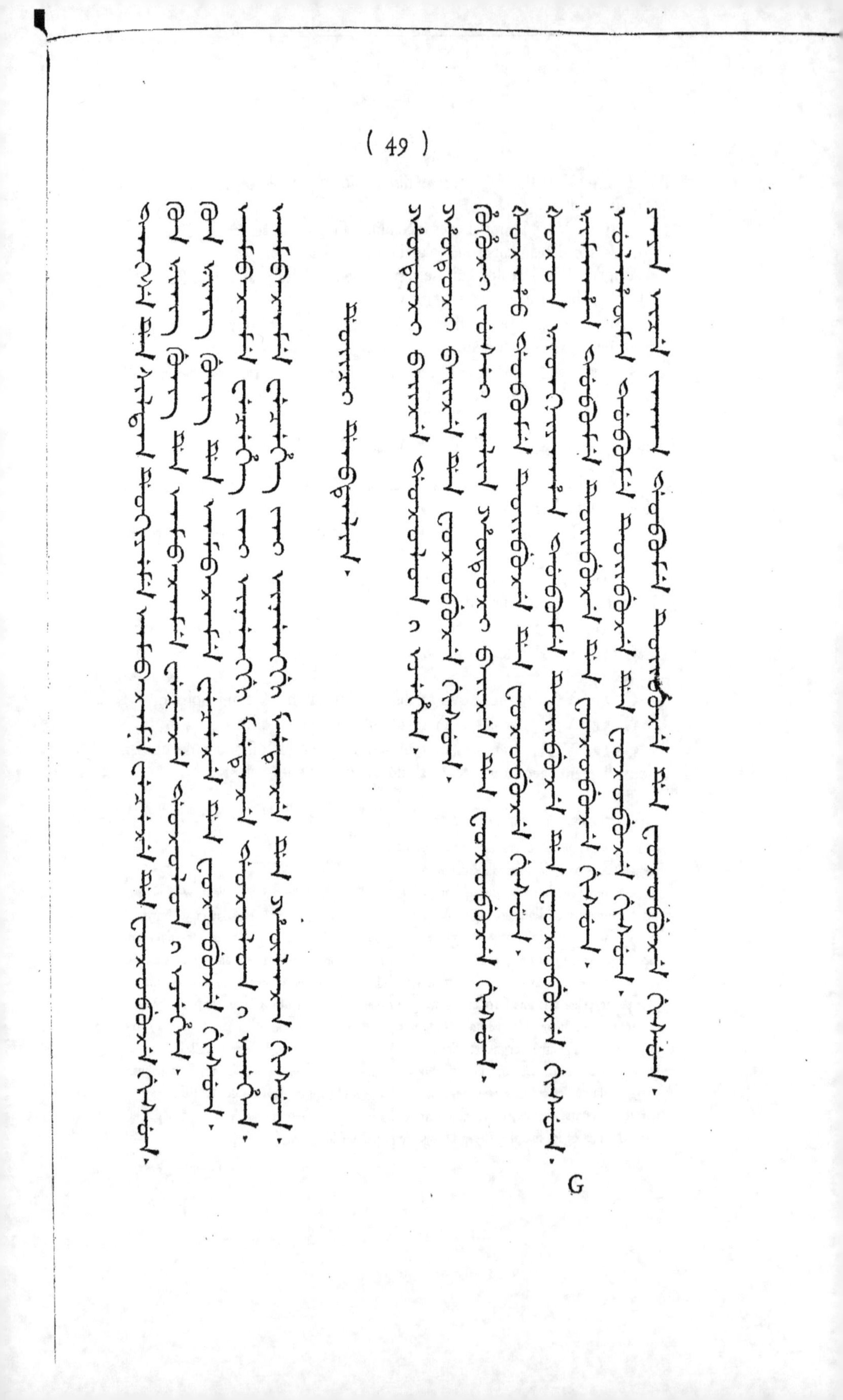

[illegible]
[illegible]
[illegible]
[illegible]
[illegible]

[illegible]

[illegible]
[illegible]
[illegible]
[illegible]
[illegible]
[illegible]
[illegible]
[illegible]

CHAP. IX. Mémorial des cérémonies (qui s'observent) lorsqu'on fait des offrandes pour les chevaux, dans le lieu des sacrifices.

CHAP. X. Paroles (que l'on récite) pendant les cérémonies de l'offrande pour les chevaux dans le lieu des sacrifices.

CHAP. XI. Mémorial des cérémonies (qui s'observent) le premier jour des offrandes (que l'on fait) pour les chevaux.

CHAP. XII. Paroles (que l'on prononce en faisant) les cérémonies du premier jour des offrandes pour les chevaux.

CHAP. XIII. Mémorial des cérémonies (qui s'observent) le second jour des offrandes (que l'on fait) pour les chevaux.

CHAP. XIV. Paroles que l'on récite en faisant les cérémonies du second jour des offrandes pour les chevaux.

CINQUIÈME VOLUME.

Catalogue des instrumens, ustensiles et autres choses qu'on emploie pour les offrandes et les sacrifices.

SIXIÈME VOLUME.

Esquisse des modèles des instrumens et autres choses dont on se sert pour les offrandes et les sacrifices.

Ce sixième volume renferme 118 gravures en bois, représentant le lieu des sacrifices, les instrumens, ustensiles qu'on emploie dans les libations, offrandes et sacrifices, les principales pièces du costume sacerdotal des *Samans*, avec des descriptions très-détaillées en mantchou. Je vais donner ici soixante-cinq objets qui m'ont paru les plus intéressans, et que j'ai fait soigneusement réduire. Je donne également le texte de la description Mantchoue avec la traduction.

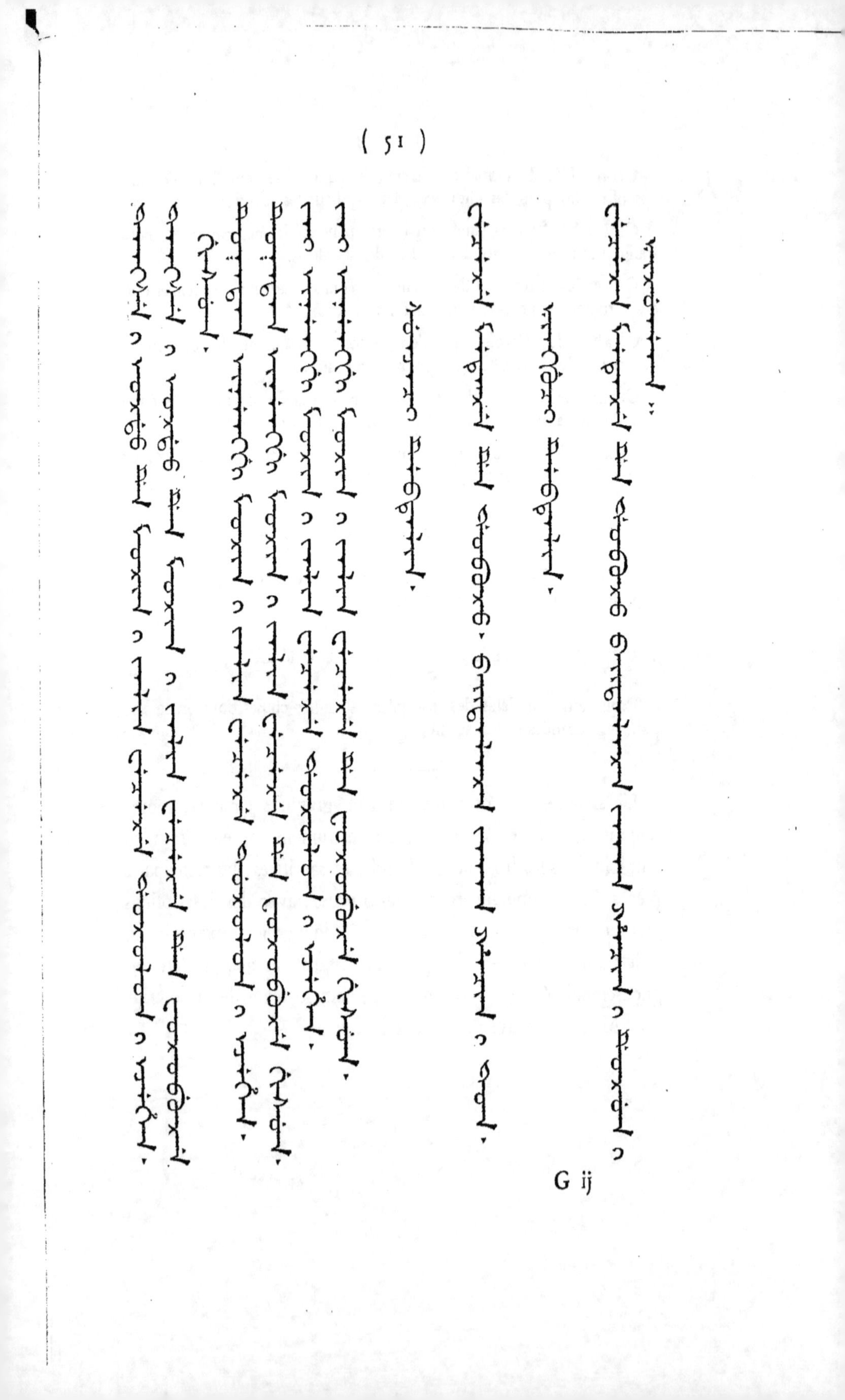

EXPLICATION DES PLANCHES.

PLANCHE PREMIÈRE.

N.° 1.er *Plan du Sacrifice.*

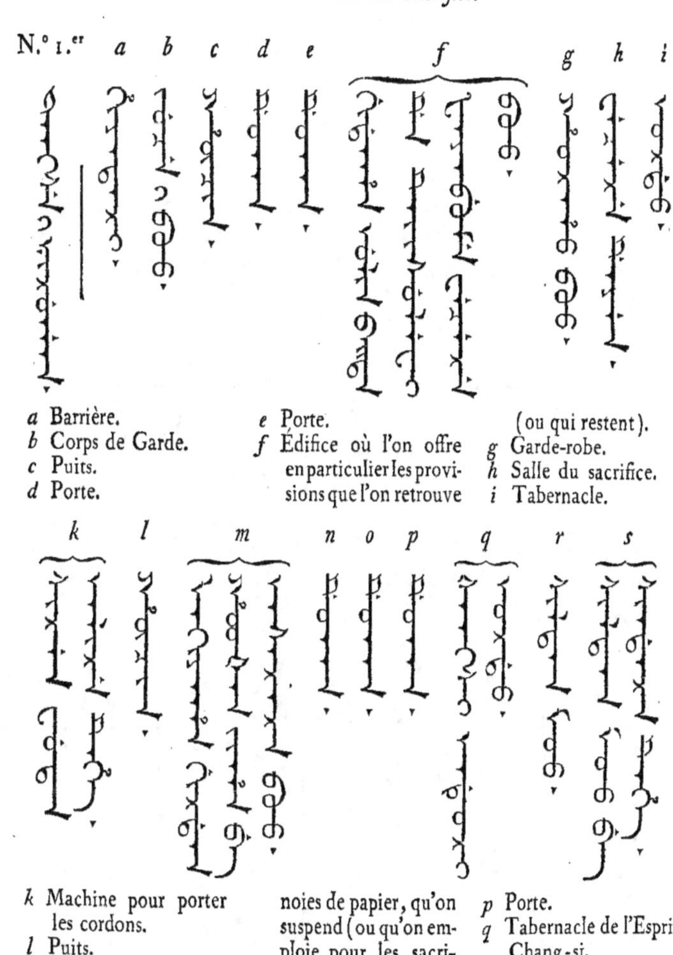

a Barrière.
b Corps de Garde.
c Puits.
d Porte.
e Porte.
f Édifice où l'on offre en particulier les provisions que l'on retrouve (ou qui restent).
g Garde-robe.
h Salle du sacrifice.
i Tabernacle.

k Machine pour porter les cordons.
l Puits.
m Cabinet où l'on renferme les franges, flocons, &c. et les monnoies de papier, qu'on suspend (ou qu'on emploie pour les sacrifices.)
n Porte.
o Porte.
p Porte.
q Tabernacle de l'Esprit Chang-si.
r Mât pour les sacrifices.
s Machine sur laquelle on dresse le mât.

PLANCHE II. N.° 2.

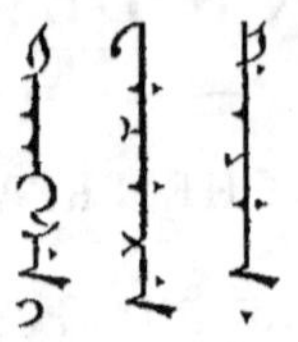

Salle où l'on offre les sacrifices.

PLANCHE III. N.° 3.

Disposition des ustensiles du sacrifice dans la salle des sacrifices.

PLANCHE IV.

N.° 4. N.° 5.

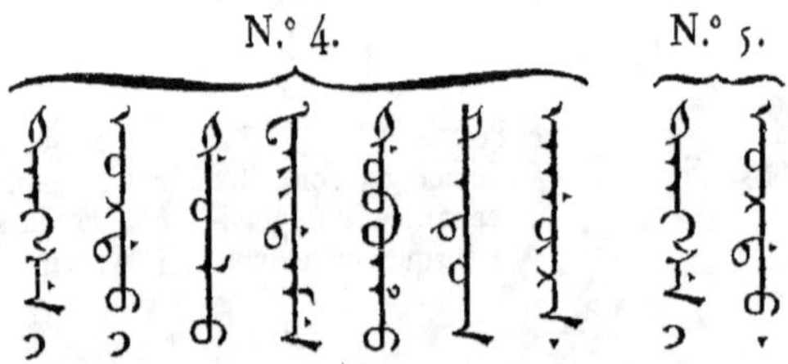

4. Disposition des ustensiles dans le tabernacle du sacrifice.

5. Tabernacle du sacrifice.

PLANCHE V. N.° 6.

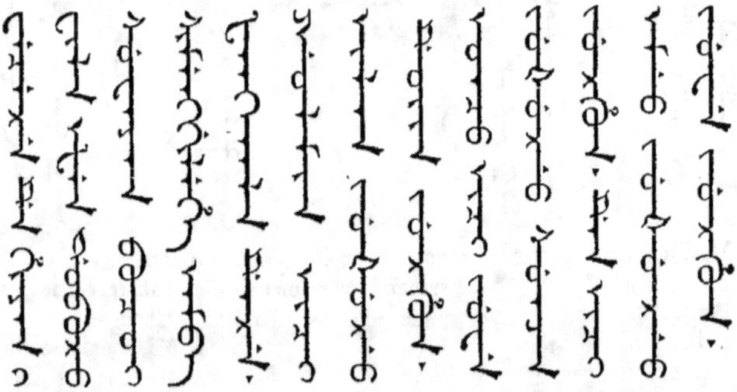

Grande table basse vernie en couleur jaune, sur laquelle on met les bassins pour les bâtons d'odeur et les pains qu'on doit offrir : elle est longue de trois pieds quatre pouces, large de deux pieds cinq pouces, et haute d'un pied deux pouces.

N.° 7.

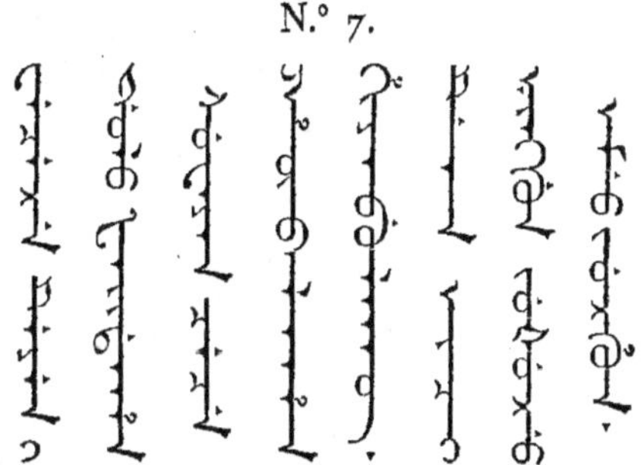

Lanterne placée dans la salle des sacrifices; les panneaux en sont couverts d'un *châ* jaune: elle a six pieds un pouce de haut.

N.° 8.

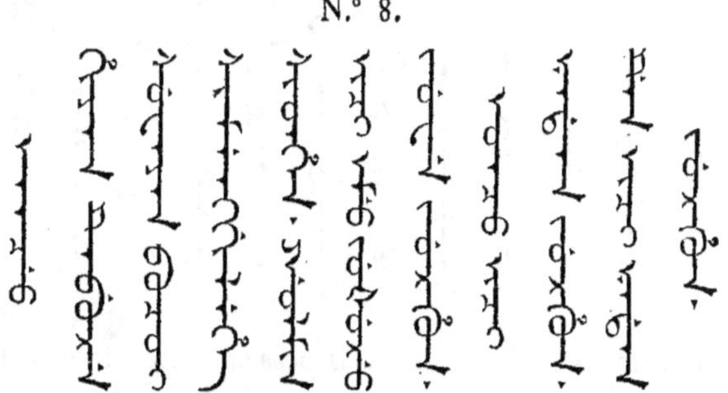

Caisse vernie en couleur jaune, dans laquelle on met les bâtons d'odeur faits (avec les feuilles de l'arbre) *antchou* : elle est longue d'un pied deux pouces, large de neuf pouces, haute de sept.

N.° 9.

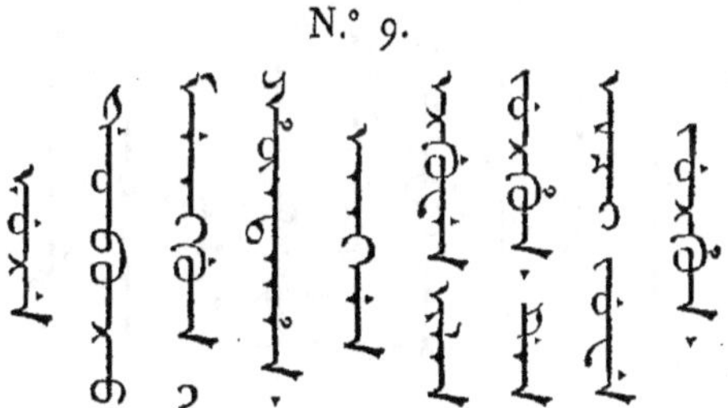

Coupe d'argent dans laquelle on met le vin qu'on veut offrir : son ouverture est de trois pouces, sa hauteur de deux.

N.° 10.

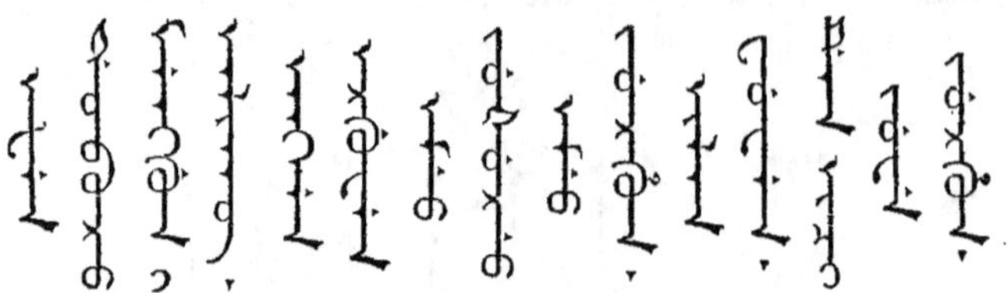

Bassin d'argent, dans lequel on met les pains qu'on veut offrir : il a un pied un pouce trois lignes d'ouverture, et deux pouces de haut.

N.° 11.

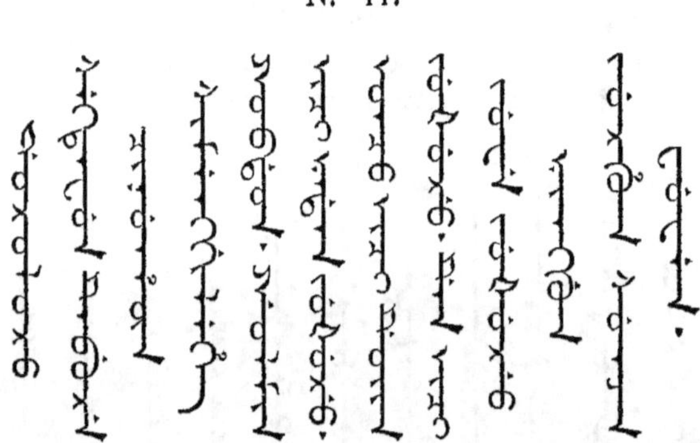

Petite estrade vernie en rouge, sur laquelle on met le carreau destiné aux cérémonies : elle est longue de sept pieds, large de quatre, et haute de deux pieds six pouces cinq lignes.

N.° 12.

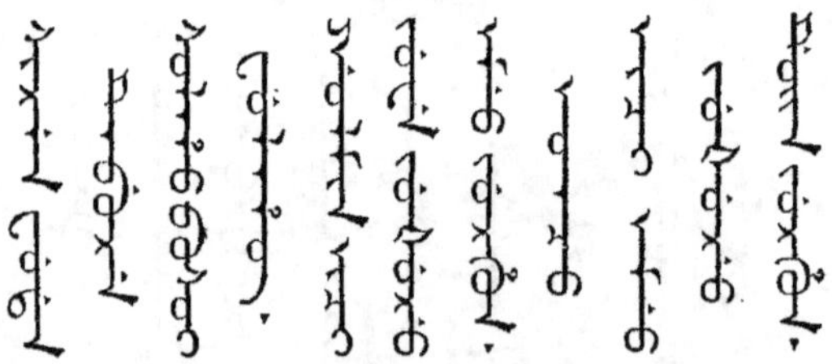

Sac fait en toile de Corée, dans lequel on met les cordons : il est long de deux pieds un pouce, et large d'un pied quatre pouces.

N.° 13.

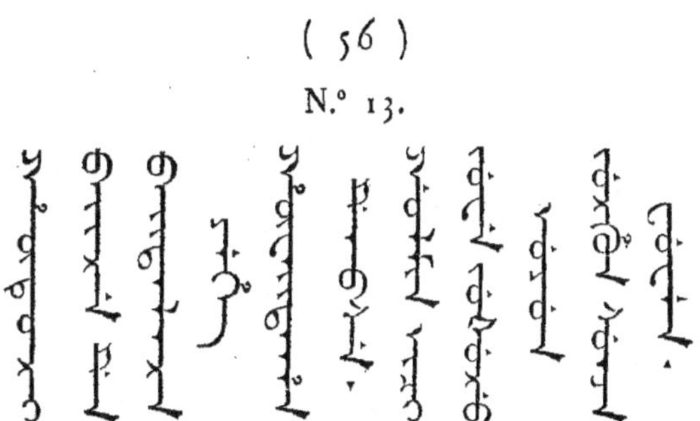

Flèche munie (d'une corde) de chanvre, blanche, que l'on présente (à l'esprit) lorsqu'on lui demande le bonheur : elle est longue de deux pieds neuf pouces cinq lignes.

N.° 14.

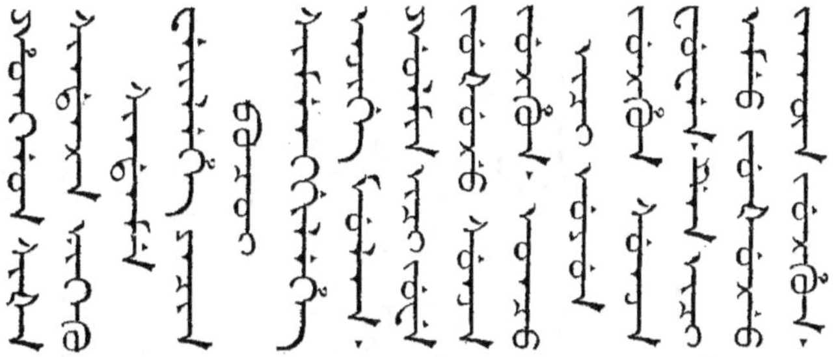

Petite estrade vernie en noir, formant un support sur lequel on pose les clochettes et les grelots avant de s'en servir : elle a deux pieds cinq pouces de long sur neuf pouces cinq lignes de large, et un pied huit pouces de haut.

N.° 15.

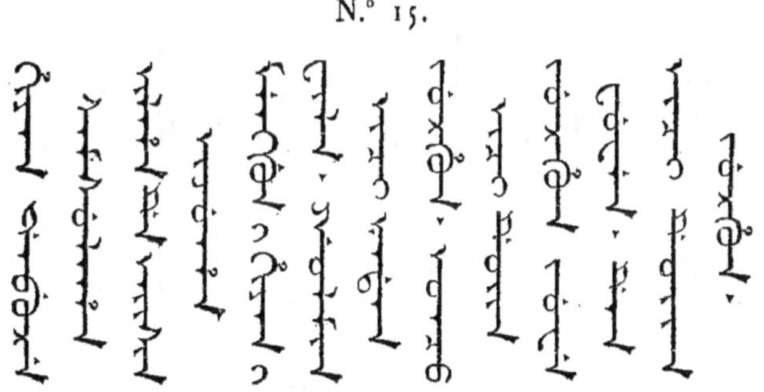

Bassin d'argent avec des fleurs ciselées et dorées, dans lequel on fait brûler les bâtons d'odeur : il a sept pouces de long, quatre pouces deux lignes de large, et quatre pouces de haut.

N.° 16.

N.° 16.

Pierre dans laquelle on plante le bâton de bois de saule (quand on fait des offrandes), pour obtenir le bonheur ; elle a un pied quatre pouces sept lignes de hauteur, sur un pied six pouces une ligne d'équarrissage.

N.° 17.

Escabelle vernie en noir, sur laquelle le *Saman* s'assied pour prier au sacrifice du soir : elle a un pied quatre pouces en carré ; elle est haute d'un pied huit pouces.

N.° 18.

Vase d'argent (1) avec lequel on offre le vin ; il est long d'un pied un pouce, large de sept pouces cinq lignes, haut d'un pouce deux lignes.

(1) Ce vase, que l'on nommeroit plus exactement plateau, en contient deux plus petits.

N.° 19.

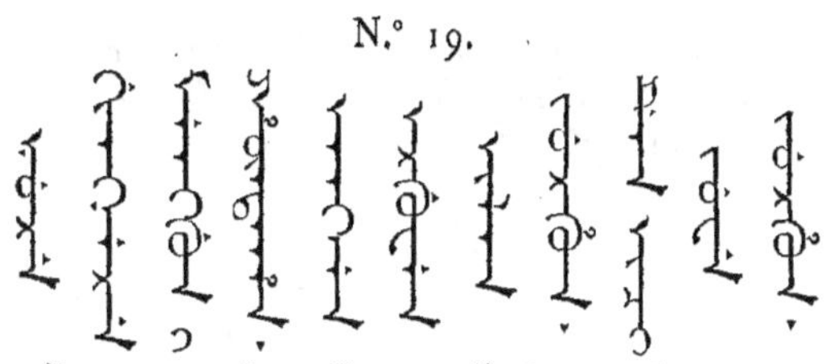

Coupes d'argent avec lesquelles on offre le vin : leur ouverture a trois pouces de circonférence; elles ont deux pouces de haut.

N.° 20.

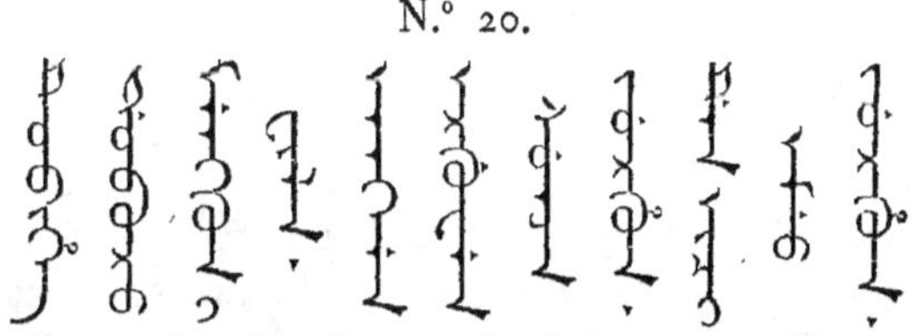

Bassin d'argent dans lequel on met les fruits que l'on offre : l'ouverture a cinq pouces de circonférence, il a un pouce de hauteur.

N.° 21.

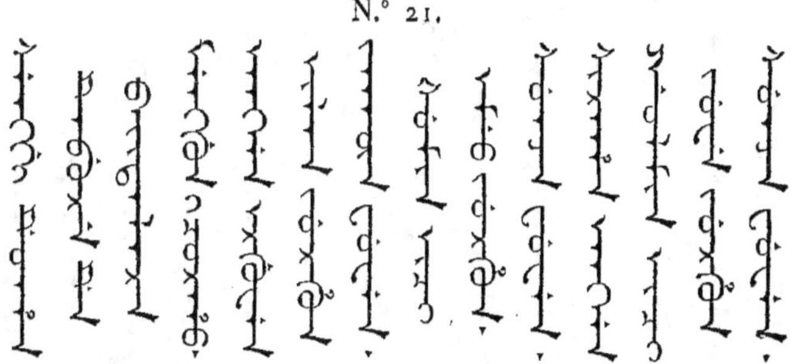

Entonnoir d'argent avec lequel on met le sang dans le boyau : son ouverture supérieure a trois pouces huit lignes de circonférence, sa profondeur un pouce cinq lignes; le tuyau est long de deux pouces cinq lignes.

N.° 22.

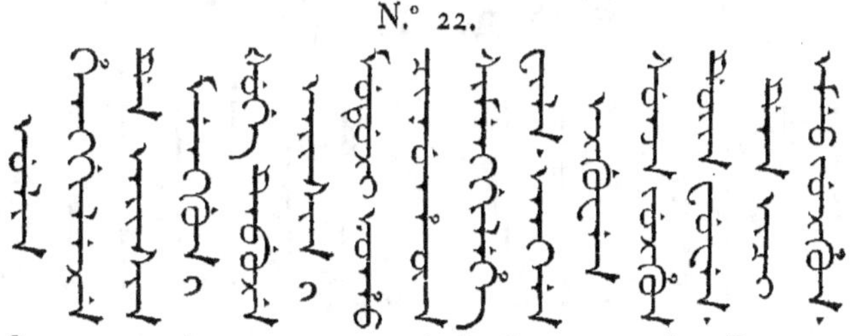

Soucoupe vernie en rouge et ornée de dragons, sur laquelle on pose des pièces d'or et d'argent, quand on sacrifie (pour obtenir une bonne récolte, ou pour remercier le Ciel de celle qu'on a faite) : son ouverture est de cinq pouces quatre lignes ; elle a un pouce de haut.

N.° 23.

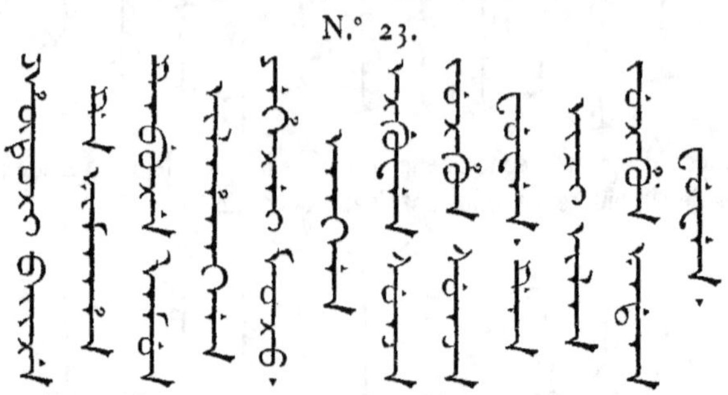

Tasse de porcelaine parsemée de fleurs bleues, dans laquelle on met un poisson, quand on demande le bonheur : elle a cinq pouces cinq lignes d'ouverture, et trois pouces sept lignes de haut.

N.° 24.

Jarre de porcelaine à fleurs bleues, dans laquelle on conserve le vin : elle a un pied un pouce sept lignes de haut ; le diamètre du milieu est de deux pieds huit pouces huit lignes ; le diamètre du fond est de cinq pouces quatre lignes.

PLANCHE VI. N.° 25.

Châsse vernie en rouge, dans laquelle on place le *Fo* d'or, lorsqu'on veut le mettre sur le tabernacle des offrandes ; elle est haute d'un pied huit pouces, et elle a un pied quatre pouces d'un coin à l'autre.

N.° 26.

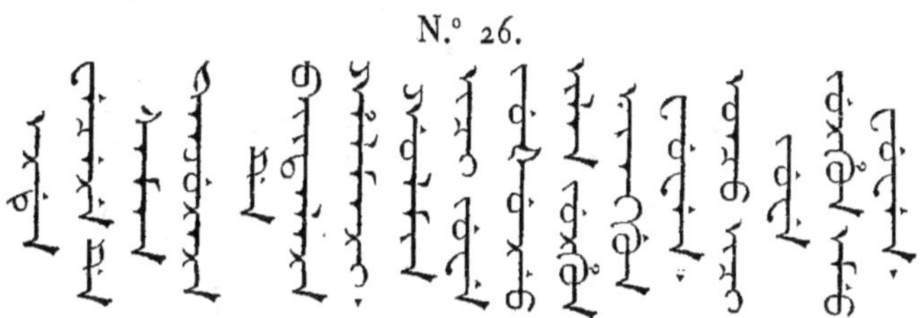

Glaive (1) dont le *Saman* se sert pour faire ses évolutions aux sacrifices du matin ; il est long de deux pieds trois pouces six lignes, et large de deux pouces une ligne.

N.° 27.

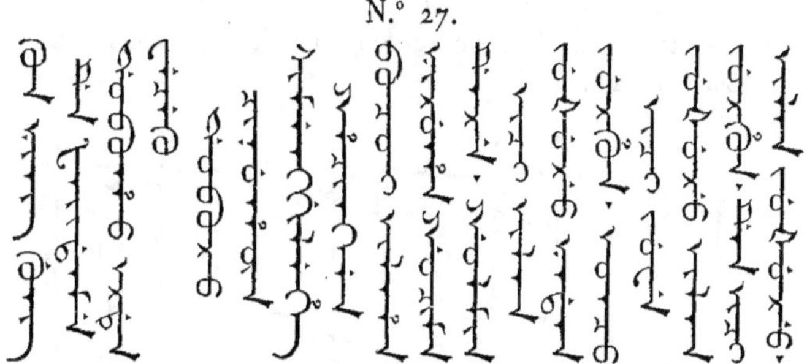

Armoire (ou table à tiroir) ornée de fleurs de différentes couleurs, vernie en rouge, et placée dans le *Koung-ning-koung* (2). On y dépose les objets qu'on doit offrir le matin au *Ouétchékou* (Esprit des ancêtres). Elle est longue de trois pieds sept pouces, large de deux pieds trois pouces, haute de trois pieds.

N.° 28.

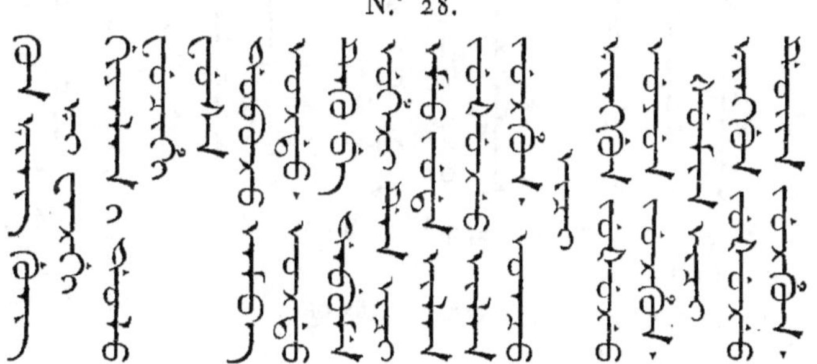

Grand tabernacle où l'on dépose les offrandes faites à *Fo* et à *Fousa ;* il

(1) Ce glaive se nomme *halmari* en mantchou.

(2) La chapelle de *Fo*.

est placé dans la portion occidentale du *Koun-ning-Koung:* ce tabernacle a en tout, y compris le pied, treize pieds trois pouces de haut, sur six pieds neuf pouces de large, et six pieds quatre pouces de profondeur.

N.° 29.

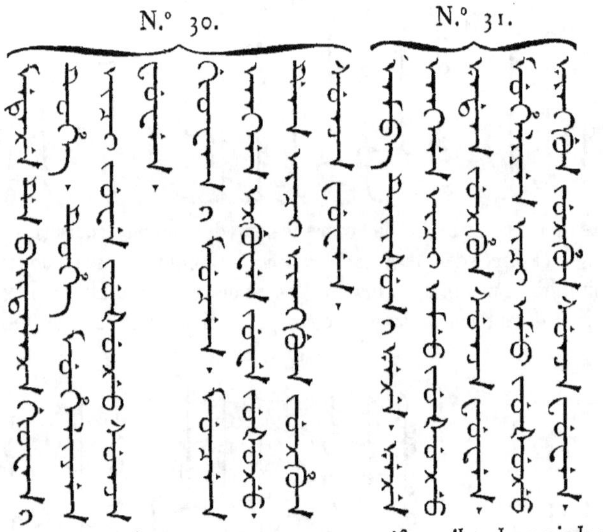

Ceinture garnie de grelots, que le *Saman* s'attache pour le sacrifice du soir; elle a trois pieds six pouces de long, un pied six pouces de large, et huit pouces de haut.

N.° 30. N.° 31.

Couvercle de cuivre rouge, qui sert aux sacrifices; il a deux pieds cinq lignes de diamètre.

Pot de cuivre rouge; l'ouverture a deux pieds de diamètre : il a six pouces cinq lignes de haut.

Grand fourneau de cuivre jaune, qui a un pied six pouces cinq lignes d'ouverture; l'ouverture du fourneau (par où l'on met le feu) a un pied sept pouces cinq lignes.

PLANCHE VII. N.° 31 (*bis*).

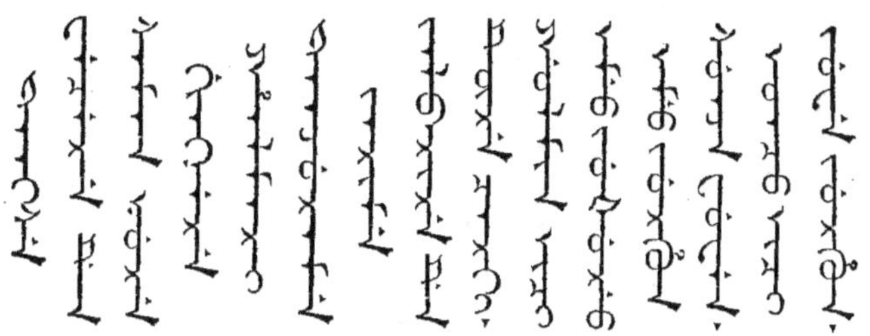

Instrument (1) que le *Saman* bat en chantant les prières, en faisant les évolutions avec le glaive et en offrant le vin et le sacrifice : il a un pied un pouce cinq lignes de long sur deux pouces de large.

N.° 32.

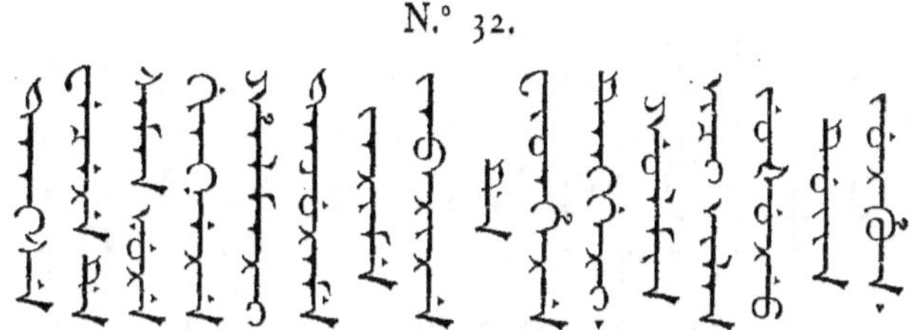

Instrument (2) avec lequel le *Saman* s'accompagne en chantant des prières dans les sacrifices, après avoir offert le vin et fait les évolutions avec le glaive : la longueur de cet instrument est de trois pieds quatre pouces.

N.° 33.

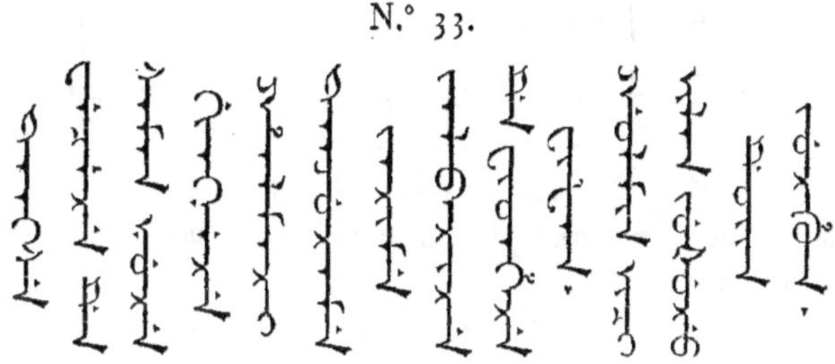

Instrument (3) que le *Saman* pince en priant et en chantant les prières

(1) Cet instrument se nomme *tcharki*. Il est composé de deux pièces d'un bois dur et sonore ; il produit un effet à-peu-près semblable à celui des castagnettes.

(2) Il se nomme *tenguéri* en mantchou; il est monté de trois cordes, et se pince comme le luth.

(3) Il se nomme *fifan*, et est monté de quatre cordes ; on le pince avec les doigts.

dans la salle des sacrifices, après avoir offert le vin et fait des évolutions avec le glaive : la longueur de cet instrument est de trois pieds quatre pouces.

N.° 34.

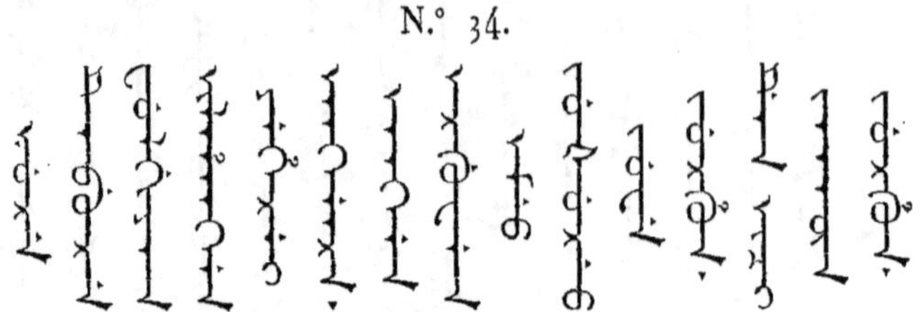

Vase de porcelaine, à fleurs rouges, dans lequel on met le vin pour les sacrifices et les offrandes : son ouverture a un pied deux pouces ; il est haut de huit pouces.

N.° 35.

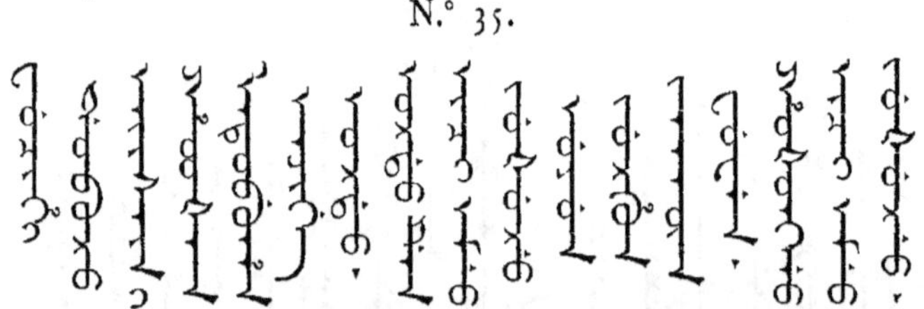

Petit tabernacle couvert de papier doré, où l'on fait des offrandes à *Fo;* sa hauteur est d'un pied neuf pouces huit lignes, sa largeur d'un pied.

N.° 36.

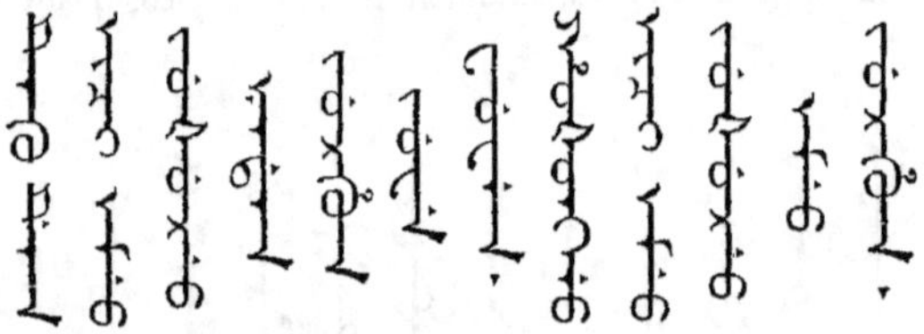

Support (de ce tabernacle) haut d'un pied sept pouces deux lignes, et large d'un pied un pouce.

N.° 37.

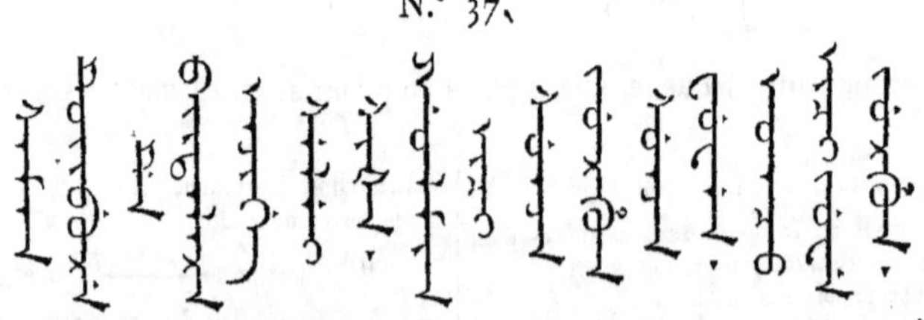

Petits grelots de fer, dont se sert le *Saman* quand il évoque les esprits ;

(ils forment un tablier) long de cinq pouces cinq lignes, et large de deux pouces.

N.° 38.

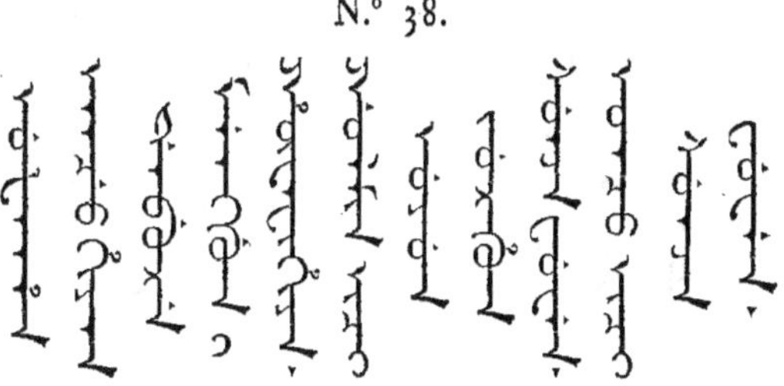

Instrument d'argent qui sert à donner au bois d'*antchou* réduit en pâte, la forme de batons d'odeur; il est long de neuf pouces cinq lignes, large de cinq lignes.

N.° 39.

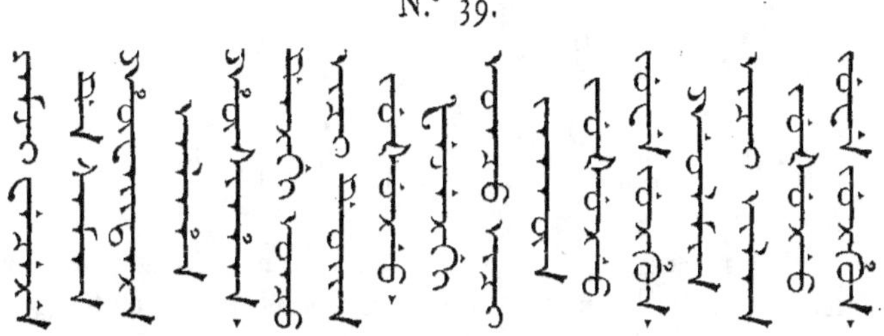

Tablier de différentes couleurs, que le *Saman* met au sacrifice du soir; il est large de quatre pieds dans le haut, de huit pieds deux pouces vers le bas, et long de trois pieds deux pouces.

N.ºs 40 et 41.

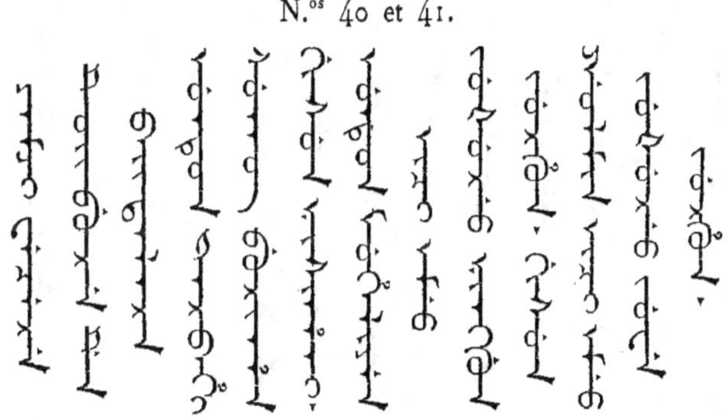

Tambour de main couvert de peau de tarbahi (1), dont on se sert pour le

(1) C'est un animal qui ressemble au castor rase. *Voyez* quelques détails sur cet animal, dans le Dictionnaire Mantchou-Français, *t. II, page 187.*

le sacrifice du soir; il a un pied six pouces de diamètre: la baguette est longue d'un pied deux pouces.

PLANCHE VIII. N.° 42.

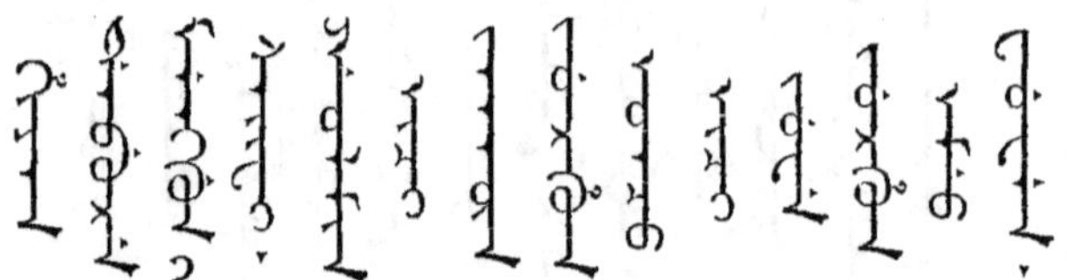

Cuiller d'argent pour faire brûler les bâtons d'odeur : elle a huit pouces de long; deux pouces une ligne de large.

N.° 43.

Batonnets d'argent (attachés ensemble avec une chaîne pour remuer le feu où l'on fait) brûler les odeurs; ils ont huit pouces de long.

N.° 44.

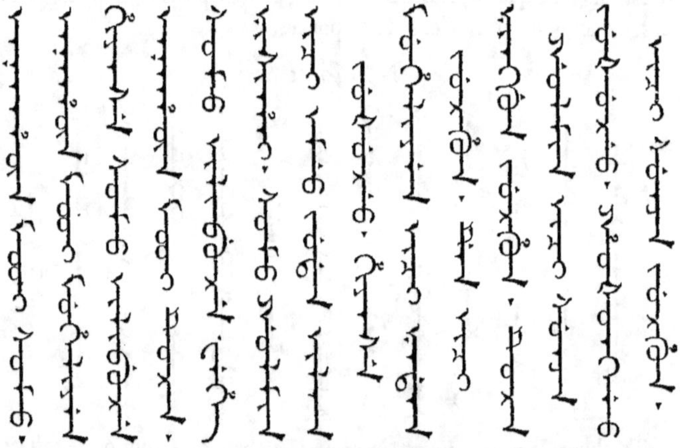

Perche en bois de cèdre, colonne du même bois, pour soutenir la perche (dans laquelle est passée une jatte ronde), aussi de bois de cèdre, avec une pierre qui soutient la perche. La longueur de la perche est de treize pieds; le vase a sept pouces de diamètre et six de hauteur. La colonne (contre laquelle la perche est appuyée) a cinq pieds de haut, et cinq pouces d'équarrissage (1).

N.° 45.

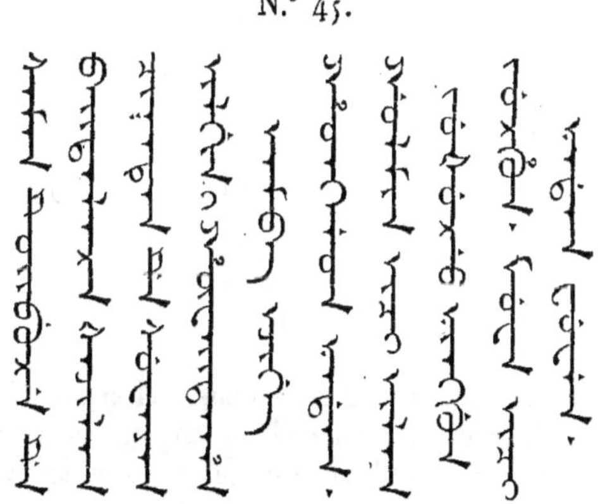

Baguette de *chatchilan* (2), à laquelle le *Saman* lorsqu'il évoque les esprits, attache sept grelots gros ou petits, faits avec de la peau tannée et teinte en jaune: cette perche a trois pieds six pouces de long sur sept lignes d'équarrissage.

N.° 46.

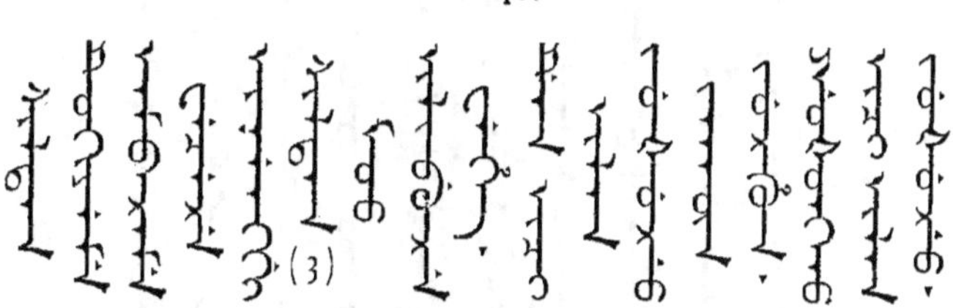

Pierre qui sert de piédestal au mât le jour que l'on offre le grand sacri-

(1) Tout cet appareil destiné aux sacrifices nocturnes que l'on fait à l'esprit, est enfoncé dans une pierre fixée.

(2) Espèce de bois.

(3) « *Siltan*, *ouéi-mou* (en chinois), morceau » de bois élevé auquel on suspend les voiles que » l'on hisse. On nomme *siltan* toutes les espèces » de bois auxquelles on suspend les voiles des » barques. Voy. *p. 32* du Dictionnaire universel Mantchou, cité déjà dans ma note ci-dessus, *page 24 et suiv.*

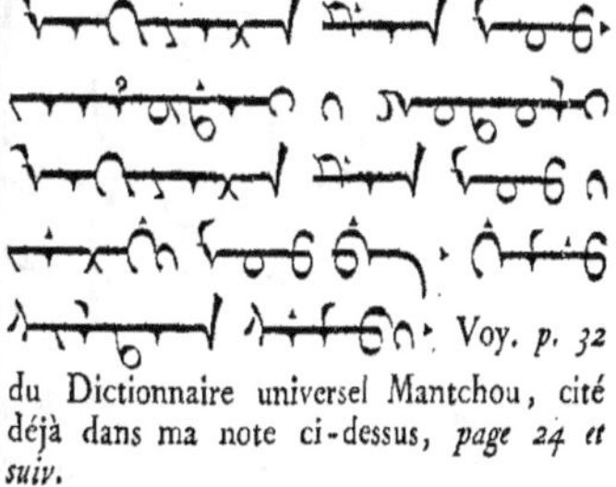

fice et que l'on hisse ce mât; elle a trois pieds huit pouces de hauteur, et trois pieds d'équarrissage.

N.° 47.

Vase à bâtonnets d'odeur, en cuivre jaune, où l'on met brûler les bâtons d'odeur, dans la salle des sacrifices; il est long de cinq pouces; large de cinq pouces trois lignes, et haut de trois pouces cinq lignes.

N.° 48.

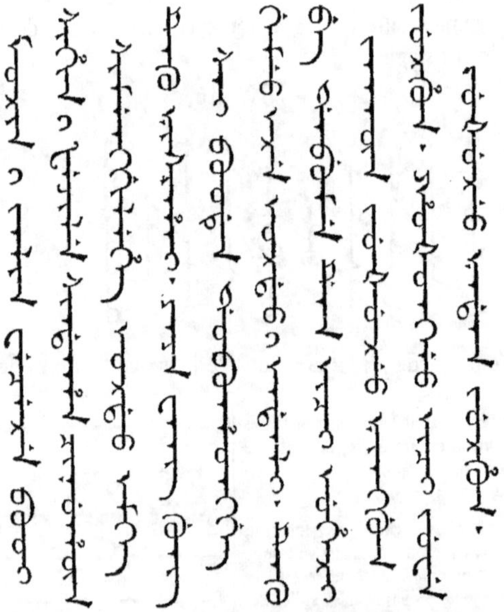

Tabernacle verni en rouge, placé sur son pied sous la portion excédante du toit de l'édifice où l'on offre pour les chevaux. Les grands décorés du

Koung peuvent avoir un pareil tabernacle sous la partie du toit qui avance: la plus grande hauteur de ce tabernacle, y compris le pied, est de huit pieds six pouces; chaque face a deux pieds sept pouces de large.

N.° 49.

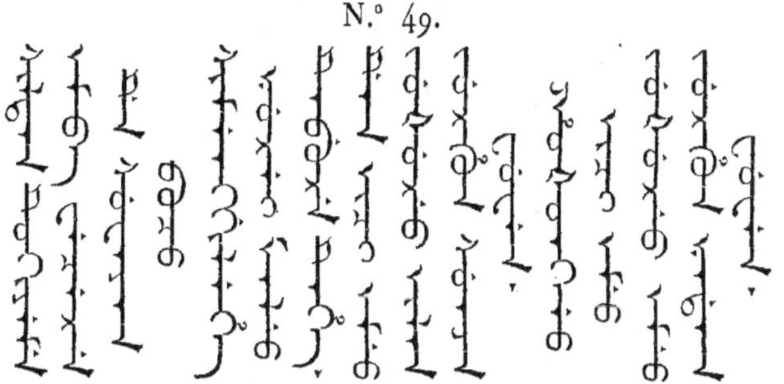

Support pour le vase qui contient le vin; il est verni en jaune, et sert quand on élève le mât pour les sacrifices: il a un pied trois pouces cinq lignes de haut; sa largeur, d'un angle à l'autre, est d'un pied un pouce sept lignes.

N.° 50.

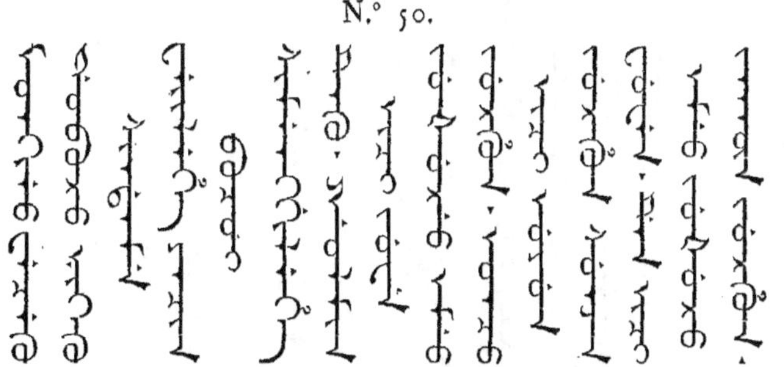

Table noire vernie, sur laquelle on place ce qu'on doit offrir aux ancêtres des Mongoux. Le côté le plus long de cette table a deux pieds un pouce; le côté le plus étroit a neuf pouces cinq lignes; elle est haute d'un pied huit pouces.

PLANCHE IX. N.° 51.

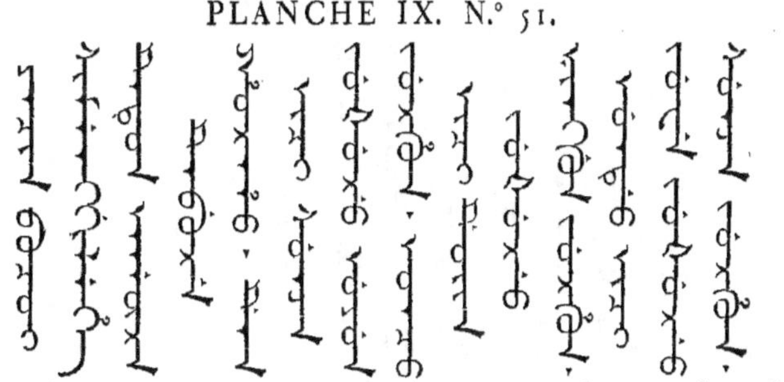

Armoire enduite d'un vernis noirâtre, dans laquelle on renferme les instrumens qui servent aux sacrifices : elle est haute de cinq pieds neuf pouces, large de quatre pieds six pouces, et profonde de deux pieds cinq pouces.

N.° 52.

Vase de cuivre, dans lequel on fait brûler les bâtons d'odeur dans l'enceinte du tabernacle : il est long de neuf pouces, large de sept, et haut de neuf pouces cinq lignes.

N.° 53.

Potence à laquelle on suspend le tapis, le matin : elle se termine en tête de dragon ; elle est sculptée, vernie en rouge, et ornée de papier doré ; elle a cinq pieds de haut et quatre de large.

N.° 54.

Support verni en noir, sur lequel on étend le tapis le soir : il est haut de trois pieds sept pouces, et large de quatre pieds huit pouces.

N.° 55.

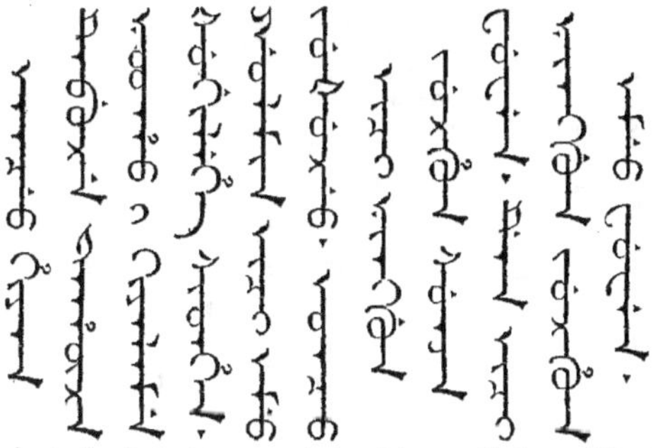

Boîte de nacre destinée à contenir les bâtons d'odeur faits avec le bois d'*antchou-hien* réduit en pâte ; cette boîte a un pied de long, sur six pouces cinq lignes de large, et six pouces une ligne de haut.

N.° 56.

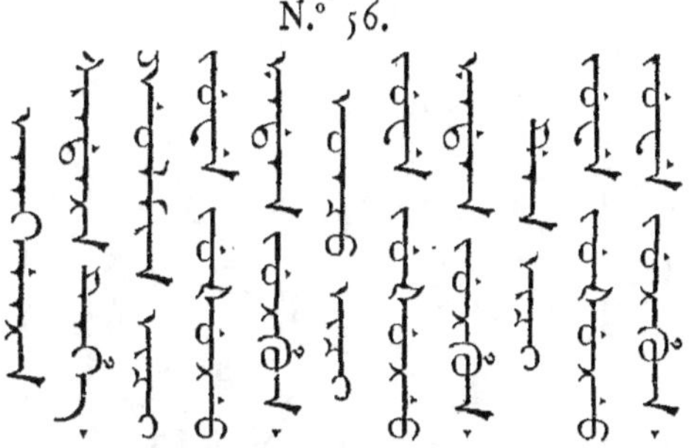

Support de la jarre : il est long de deux pieds sept pouces, large d'autant, et haut de deux pieds deux pouces.

N.° 57.

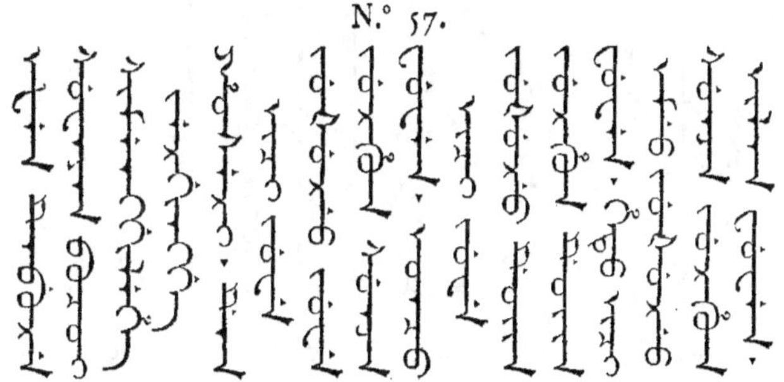

Armoire dans laquelle on met les pains du sacrifice : elle est vernie en jaune ; elle a deux pieds deux pouces cinq lignes de haut, sur deux pieds quatre pouces quatre lignes de large, et un pied cinq pouces trois lignes de diametre.

PLANCHE X. N.° 58.

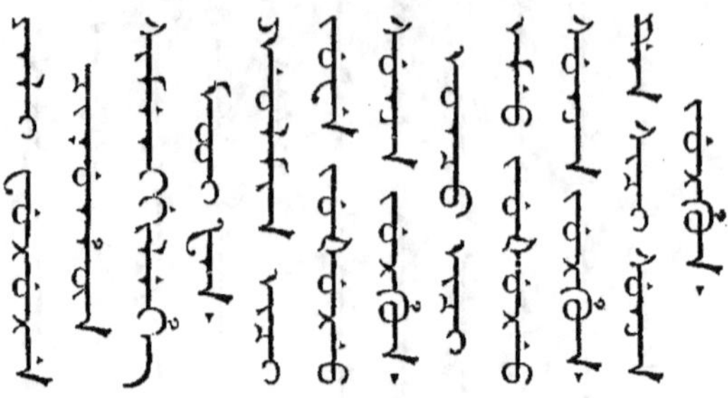

Table de bois verni en rouge, sur laquelle on hache la viande : elle est longue de deux pieds cinq pouces, large d'un pied cinq pouces, haute de cinq pouces.

N.os 59 et 60.

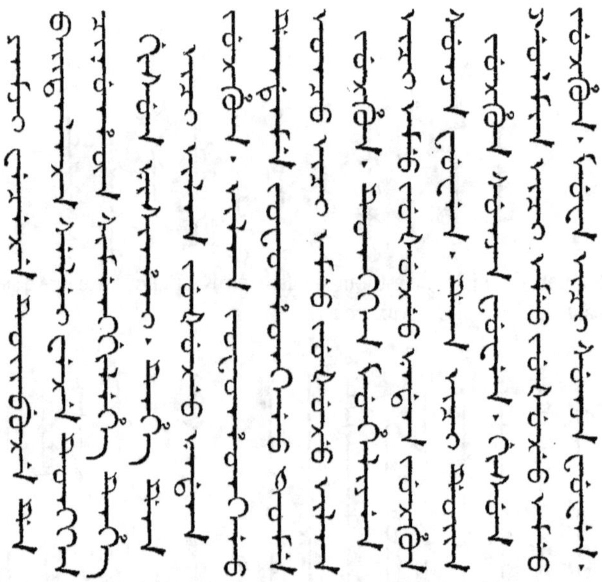

Tambour recouvert d'un treillis de fer, avec ses baguettes et son support vernis en rouge; on s'en sert pendant le sacrifice du soir. Le support a trois pieds sept pouces de haut; les trois branches sont à un pied trois pouces l'une de l'autre; le tambour a un pied sept pouces cinq lignes de diamètre; il est haut de quatre pouces cinq lignes.

N.° 61.

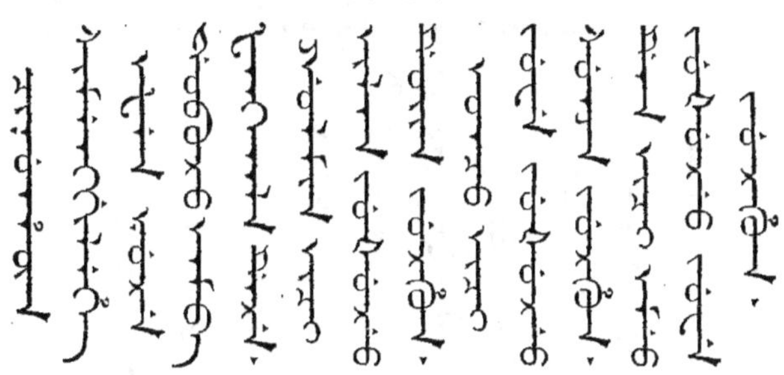

Grande table basse vernie en rouge, sur laquelle on pose les pains et le vin qu'on veut offrir : elle est longue de trois pieds quatre pouces, large de deux pieds cinq pouces, haute d'un pied deux pouces.

N.° 62.

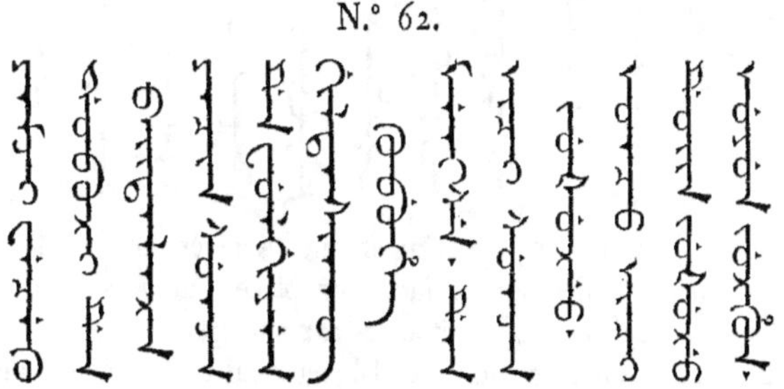

Tapis de satin violet foncé, brodé en rouge, dont on se sert le soir lorsqu'on présente des offrandes aux ancêtres : il a cinq pieds de long, sur quatre pieds neuf pouces de large.

N.° 63.

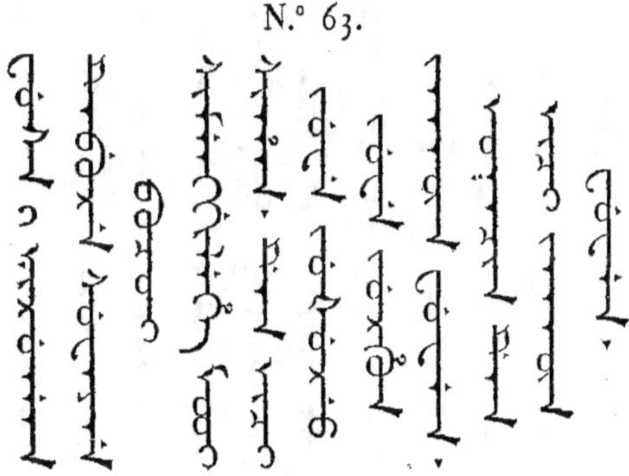

Tuyau de bois (1) verni en jaune, dans lequel on enferme l'image

(1) Ce bois, nommé *souayen*, ressemble au sapin.

roulée

roulée de *Fousa* : il a deux pieds deux pouces de longueur, sur deux pouces huit lignes de diamètre ; le couvercle est haut de huit lignes.

N.° 64.

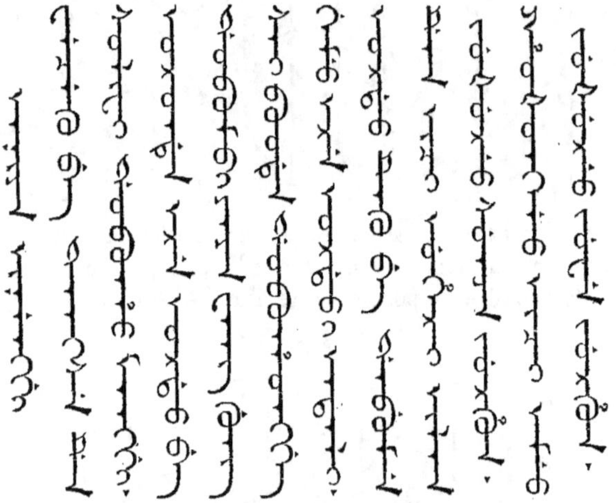

Le premier jour de l'an, après avoir fait les cérémonies en l'honneur des ancêtres dans le lieu des sacrifices, on place tout de suite ce tabernacle, devant lequel on fait les offrandes aux ancêtres. Il y a dans chaque maison des grands un tabernacle semblable à celui-ci. La hauteur du pied sur lequel pose ce tabernacle, jointe à celle du tabernacle même, est de trois pieds cinq pouces; chaque face a un pied deux pouces de large.

N.° 65.

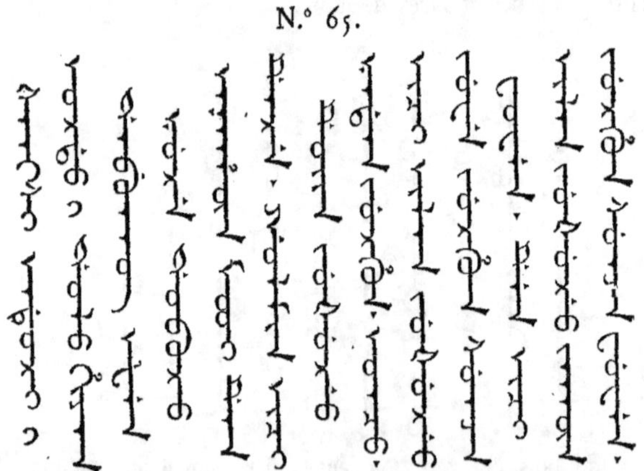

Table de bois de cèdre, haute, et sur laquelle on pose les bâtons d'odeur, les pains et le vin qu'on doit offrir dans l'intérieur du tabernacle de l'esprit *Chang-si :* cette table a quatre pieds sept pouces de long, sur trois pieds deux pouces cinq lignes de large et trois pieds huit pouces cinq lignes de haut.

JE terminerai cette Notice, déjà trop étendue peut-être, en observant que l'ouvrage qui en fait l'objet a été composé la XII.ᵉ année du règne de Kien-long, laquelle répond à l'an 1765 de l'ère vulgaire. Les caractères Mantchoux dont on s'est servi ici, ont été taillés sous ma direction, en 1786, par mon ami le C.en Firmin Didot, si justement célèbre dans son art. Ce sont les premiers caractères de cette langue exécutés en acier, et d'après les principes de la typographie Européenne. Les personnes versées dans cet art peuvent seules apprécier les difficultés que j'ai eues à surmonter dans cette opération, sur laquelle j'ai donné tous les détails nécessaires dans mon Alphabet Tatâr-Mantchou, ouvrage publié, d'abord séparément, en 1787, et réimprimé ensuite à la tête du premier volume du Dictionnaire Mantchou-Français, en trois volumes *in*-4.° Puissent des circonstances favorables aux lettres, me permettre de compléter ce travail par la publication des grammaires, des dialogues et des explications grammaticales, qui formeront un quatrième volume.

IMPRIMÉ

Par les soins de J.-J. MARCEL, Directeur de l'Imprimerie de la République.

DICTIONNAIRE,

GRAMMAIRES ET DIALOGUES

TARTARES-MANTCHOUX

FRANÇOIS.

SUITE DES MÉMOIRES CHINOIS.

LE DICTIONNAIRE-MANTCHOU

Se vend à PARIS,

Chez
- DIDOT, rue Dauphine et rue Pavée.
- NYON, l'aîné, libraire, rue du Jardinet.
- NÉE DE LA ROCHELLE, libraire, rue du Hurepoix.
- THÉOPHILE BARROIS, jeune, libraire, quai des Augustins.

A LYON, chez

PIESTRE et DE LA MOLLIERE, libraires.

Et à STRASBOURG, chez

AMAND KOENIG, libraire.

Nota. On souscrit, chez les mêmes libraires, pour l'APPENDICE du DICTIONNAIRE, et les GRAMMAIRES, qui formeront un volume et demi *in*-4°.

On paiera 15 liv. en souscrivant, et 30 liv. en recevant le volume des *grammaires*, dont on tirera quelques exemplaires séparément en papier vélin, *prix*, 50 liv.

L'appendice, destiné à former le complément du troisieme volume, paroîtra après les grammaires.

DICTIONNAIRE,

GRAMMAIRES ET DIALOGUES

TARTARES-MANTCHOUX

FRANÇOIS,

Rédigés et publiés avec des additions considérables,

PAR L. LANGLÈS,

AUTEUR DE L'ALPHABET TARTARE-MANTCHOU.

EN QUATRE VOLUMES.

A PARIS,

IMPRIMÉS PAR FR. AMBR. DIDOT L'AÎNÉ,

Avec les caracteres gravés par Firmin Didot son 2[d] fils.

M. DCC. XC.

DÉTAILS

LITTÉRAIRES ET TYPOGRAPHIQUES,

Sur l'édition du Dictionnaire et des Grammaires tartares-mantchoux.

Le mantchou est aujourd'hui, sans excepter même le thibétain [a], le plus savant et le plus parfait des idiômes tartares. Quoique la formation n'en soit pas très ancienne, il est plus aisé, et sur-tout plus utile d'indiquer l'époque où la nation, qui l'avoit adopté, s'occupa de le perfectionner. Elle n'avoit pas d'écriture particuliere avant *Tay-tsou-kao-hoang-ty*, le cinquieme ancêtre de la dynastie régnante à la Chine. Ce

(a) Le thibétain ou tangut, la langue sacrée du nord de l'Asie, doit être classé parmi les idiômes tartares; je crois pouvoir y joindre aussi le *sanskrit*, la langue sacrée des Hindoux. Ce rapprochement n'étonnera point ceux qui regardent le plateau de la Tartarie comme le berceau du genre humain.

Le thibétain renferme les livres de *Boudh* ou *Beddha*, fondateur du *sabéisme* ou *chamanisme*; le sanskrit ceux de *Brahma*, qui ne fit qu'altérer les dogmes, et s'approprier les idées du premier; en un mot, *Brahma* étoit un Sabéen hérétique, conséquemment bien postérieur à *Boudh*, dont les impostures sacrées peuvent être regardées comme les plus anciennes de toutes celles qui exercent aujourd'hui la crédulité des hommes.

En attendant que je m'occupe de prouver cette assertionpar

prince, qui gouvernoit les Mantchoux vers le commencement du dernier siecle, chargea plusieurs savants de ses sujets, de dessiner des lettres d'après celles des Mongols [a]: ils ne firent que rectifier la forme de ces dernieres, et y ajouter certains signes, pour exprimer les sons qui leur étoient nécessaires.

Son successeur, *Tay-tsoung-ouen-hoang-ty* ordonna, en 1634, la traduction des livres chinois, et la composition d'un code de loix pour tous les peuples soumis aux Mantchoux. En 1641, un savant plein de génie, nommé *Tahai,* retoucha les lettres, et y donna un degré de perfection dont on ne les auroit jamais cru susceptibles.

---

des autorités irrécusables, recueillies avec soin, il me suffira d'ajouter ici que ce personnage s'est multiplié sous différents noms dans tout notre continent, où l'on trouve des monuments des émigrations de ses sectateurs; c'est le *Chaca* des Japonois et du royaume de Lao, le *Fô* des Chinois, le *Sommona-codom* des Siamois, le Βούττα des anciens Hindoux, ou Γυμνοσοφισταί, selon S. *Clément d'Alexandrie,* στρωματ. 1; le *Lama* des Thibétains, le *Baouth* des Chingulais, le *Thic ca* des Tunquinois, le *Thoth* des Égyptiens, le *Boa* des Tunguses, le *Torus* des Lappons, l'*Oudin* ou le *Woden* des nations gothiques, etc.

(a) Les lettres mongoles sont à-peu-près les mêmes que celles des Ouighours, qui ont été visiblement calquées sur le stranghélo ou ancien syriaque.

Chun-tché, le premier des empereurs de la race mantchou qui ait demeuré à la Chine, fit continuer la traduction des livres chinois, et composer des *dictionnaires* des deux langues.

Kan-hi établit un tribunal de savants également versés dans le chinois et dans le tartare : les uns travaillerent plus particulièrement encore à la traduction des ouvrages classiques ou historiques ; les autres s'occuperent d'un dictionnaire général, qui fut intitulé *Miroir de la langue tartare-mantchou*, pour lequel on n'épargna ni soins ni dépenses. On interrogeoit, sur les mots douteux, les vieillards distribués sous les huit bannieres, et l'on proposoit des récompenses à quiconque découvriroit une ancienne expression hors d'usage, et digne d'être consignée dans ce dictionnaire, qui est rédigé par ordre de matieres. Ce précieux ouvrage forme vingt-cinq volumes, et a été envoyé à la bibliotheque du roi par différents missionnaires, de maniere qu'il s'y en trouve même plusieurs éditions.

Kien-long, qui depuis cinquante-cinq années occupe le trône de la Chine, n'a pas témoigné moins d'intérêt que ses prédécesseurs pour les utiles travaux du tribunal des traducteurs. Graces aux soins des savants infatigables pensionnés depuis plus d'un siecle par ces différents souverains, *il n'existe maintenant aucun bon livre chinois qui n'ait été traduit en mantchou*[a] : ces nombreuses et fideles traductions forment une collection d'autant plus précieuse, qu'il est très difficile aux naturels même, et presque impossible aux étrangers, de consulter les textes originaux écrits en chinois. On sait que la vie de l'homme suffit à peine pour apprendre ce langage hiéroglyphique; « tandis que le mantchou, qui est dans le goût de nos langues d'Europe, a sa méthode et ses regles, qu'en un mot on y voit clair. Une personne studieuse peut en cinq ou six années se mettre en état de lire avec profit tous les livres écrits ou traduits en mantchou ». Doit-on s'étonner maintenant que, depuis la fin du siecle dernier, nos missionnaires aient donné une attention toute particuliere à cette langue, « dont la connoissance ouvriroit une libre entrée dans la

---

(a) Ce sont les expressions de M. Amyot, qui ajoute: *Ces traductions ont été faites par de savantes académies, par ordre et sous les auspices des souverains, depuis* CHUN-TCHÉ *jusqu'à* KIEN-LONG, *aujourd'hui sur le trône ; elles ont été revues et corrigées par d'au-*

littérature chinoise de tous les siecles »? [a] Les PP. *Gerbillon* et *Domenge* inviterent plusieurs savants françois avec lesquels ils entretenoient une correspondance littéraire, à étudier le mantchou, et leur envoyerent des secours dont l'on ne fit alors aucun usage. Le premier composa en latin une excellente grammaire, intitulée *Elementa linguæ tartaricæ*, imprimée sans les caracteres originaux, dans la *Collection des voyages de Melchisedech Thévenot;* l'autre rédigea, pour M. *de Fourmont*, un *Essai de méthode pour apprendre la langue des Mantchoux.* Cet ouvrage est resté manuscrit entre les mains de M. *le Roux des Hautes-rayes*, qui a bien voulu me le communiquer: il existe aussi un *dictionnaire mantchou-latin*, du P. *Verbiest*, que je n'ai pas encore pu déterrer.

M. *Amyot*, si connu par ses savants travaux sur la littérature et les sciences des Chinois, n'a pas été rebuté par l'inutilité des tentatives de ses

---

tres académies non moins instruites, dont les membres savoient parfaitement et le chinois et le mantchou. Éloge de la ville de Moukden, p. *vj* de la *préface du traducteur.*

(a) *Ubi suprà.*

prédécesseurs. Il envoya au ministre chargé de notre correspondance avec la Chine, un *syllabaire*, une *grammaire* et un *dictionnaire tartares-mantchoux*. On me chargea d'examiner ces précieux manuscrits, pour juger quel parti l'on pourroit en tirer. Le desir de contribuer aux progrès des lettres, et la gloire d'introduire en Europe une langue savante, inconnue jusqu'à la fin du dix-huitieme siecle, me lancerent dans une entreprise qui pouvoit paroître téméraire; j'osai tenter d'apprendre seul, le mantchou, avec les ouvrages élémentaires qui m'avoient été confiés.

A l'ouverture de la *grammaire*, au lieu d'alphabet, je vois avec étonnement un *syllabaire* de 1500 grouppes; mais, en réfléchissant que ces grouppes ne peuvent être formés que de lettres, j'essaie de les analyser, et, de cette opération, que les Mantchoux n'ont pas encore faite, il résulte un *alphabet* complet de 29 lettres, dont la plupart ont trois formes, selon qu'elles sont placées au commencement, au milieu, ou à la fin d'un mot.

Ces lettres, ainsi simplifiées, facilitoient la lecture du tartare, et il étoit aisé d'en faire graver les poinçons, qui se réduisoient à un très petit nombre. Cette entreprise me paroissoit alors d'autant plus utile, que le ministre de la maison du roi venoit d'ordonner des fontes des superbes caracteres orientaux de l'imprimerie royale, ensevelis depuis un siecle dans la poussiere [a].

M. *Firmin Didot*, si avantageusement connu par les élégants chef-d'œuvres de son burin, exécuta, sous ma direction, les premiers poinçons mantchoux qu'on ait encore vus. Sans s'écarter des formes que je lui prescrivois, cet ingénieux artiste a su leur donner une grace et une délicatesse dont n'approchent pas les plus belles éditions de l'imprimerie du palais de l'empereur. Pour m'en assurer en quelque sorte la propriété, je les employai d'abord à ma dissertation intitulée *Alphabet tartare-mantchou, avec des détails*

(a) Ils en ont été tirés en 1787. M. *de Guignes* s'empressa d'annoncer aux savants cette heureuse nouvelle, dans un *Essai historique sur les caracteres orientaux de l'imprimerie royale*, etc., etc., placé à la tête du premier volume des *Notices et Extraits des manuscrits du roi*, etc. J'avouerai que cet académicien ne me paroît pas heureux dans ses recherches. D'après des pieces dont les auteurs étoient mal informés, il est porté à croire que «les caracteres arabes, persans et syriaques de l'imprimerie royale furent faits en Levant, par les soins de M. *Savary de Brèves*, ambassadeur de France à la Porte». Voilà ce qu'il sera difficile de persuader à quiconque connoît toute l'imperfection des imprimeries qui ont existé momentanément dans ces contrées. Comment M. *de Brè-*

sur les lettres et l'écriture des Mantchoux, 1787, *in*-4°. C'est le premier ouvrage sur cette langue imprimé en Europe avec les caracteres originaux.

Ces différents travaux n'empêchoient pas que je ne m'occupasse de la rédaction du *dictionnaire mantchou-françois*. Enfin il fut en état d'être mis sous presse, et les deux premiers volumes en sortirent dans le cours de l'année derniere.

Il auroit été possible de publier le troisieme volume à la fin de la même année; mais des raisons particulieres, qui tenoient au nouvel ordre

ves auroit-il pu y trouver ou bien y former un artiste capable de tailler différents corps d'arabe, de persan et de syriaque, dont le systême annonce une profonde connoissance de la typographie orientale? Or à la même époque, cet art étoit porté à sa plus haute perfection par *Etienne Paulin*, graveur de Rome : ce fut lui en effet qui exécuta les caracteres dont il s'agit, et on y reconnoît aisément le burin de ce célebre artiste, qui travailla aussi pour la belle imprimerie des *Médicis*. L'histoire vient entièrement à l'appui de mon assertion. M. *Amaduzzi*, dans la préface du catalogue des livres de la Propagande, imprimé à Rome en 1773, nous apprend « qu'*Etienne Paulin*, célebre graveur de caracteres étrangers, avoit été formé par le savant *J. B. Raymond*, fondateur de l'imprimerie du Vatican sous Sixte V, et qu'il tailla pour celle de la Propagande, sous la direction de F. Ingoli, secrétaire de cette congrégation ».

de

de choses, m'obligerent de cesser l'impression à-peu-près vers la moitié du volume. Je me suis d'autant plus volontiers déterminé à livrer cette moitié, qu'elle forme le complément du *dictionnaire.* Cet ouvrage, malgré son mérite, ne peut être utile qu'avec le secours des *grammaires*, que je devois y joindre: maintenant je n'ai d'autre moyen de les procurer aux savants, qu'en leur proposant une souscription dont on trouvera les conditions au *verso* du *faux-titre* de cet ouvrage.

Avant de parler de ces *grammaires*, qui formeront un volume séparé, il faut donner l'énumération des pieces destinées à compléter le troi-

---

Il travailla, sous les pontificats de *Grégoire XIII*, en 158,... et de ses successeurs, jusqu'en 162,... M. *Savari de Brèves*, à son retour du Levant, en 1612, fut envoyé en ambassade auprès de *Paul V*. Son premier soin, en arrivant à Rome, fut de se procurer des caracteres orientaux. Il en obtint d'autant plus aisément, que le souverain pontife cherchoit depuis long-temps les moyens de témoigner sa reconnoissance à ce ministre, qui avoit été très utile aux missionnaires du Levant. En 1613, il fit imprimer, avec ses nouveaux caracteres et à ses frais, un catéchisme arabe; en 1614, un pseautier dans la même langue. Bientôt après il fit transporter ses types à Paris, où il amena *Etienne Paulin*. Ce graveur-imprimeur publia quelques ouvrages dans notre capitale, forma des ouvriers à la difficile manipulation de ses caracteres, et retourna ensuite à Rome.

sieme. Je me propose d'y insérer, 1°. une table générale de tous les mots mantchoux renfermés dans le *dictionnaire*, avec le numéro des pages où se trouve répété chacun de ces mots, auxquels j'ai ajouté une courte explication latine, ce qui forme une espece de petit *dictionnaire mantchou-latin*. J'ai entrepris ce travail en faveur de certains savants étrangers, qui pourroient n'être pas assez familiarisés avec la langue françoise pour se servir couramment du *dictionnaire tartare-mantchou-françois*; dans cette même table est fondu un *appendice* assez considérable de significations, et même de mots omis par M. *Amyot*, et puisés dans d'excellentes sources, qui seront indiquées avec exactitude.

2°. On y trouvera aussi un petit *dictionnaire géographique* de la Tartarie, du pays des Mongols, de celui des Calmouks, du Thibet, de la Corée, etc., dans lequel les noms de lieux seront écrits en caracteres mantchoux.

3°. Une table de tous les mots chinois tartarisés: je me proposois d'y joindre les planches des caracteres, mais plusieurs savants m'ont dissuadé de faire une dépense qu'ils regardent comme très inutile.

Par le moyen de toutes ces additions, le troisieme tome du *Dictionnaire mantchou-françois* ne sera pas moins volumineux que les précédents.

Le quatrieme volume, dont il est parlé ci-dessus, renfermera quatre *grammaires mantchoux*, avec des dialogues de différents auteurs.

La *grammaire* de M. *Amyot* mérite sans doute la premiere place; elle sera précédée de l'énorme syllabaire d'où j'ai extrait mon *alphabet mantchou*, et suivie des *Elementa linguæ tartaricæ*, par le P. *Gerbillon:* il a fallu y ajouter, ainsi qu'à la grammaire de M. *Amyot*, les caracteres originaux mis dans le texte imprimé, qui est aujourd'hui extrêmement rare. Cet ouvrage sera d'une grande utilité pour les savants, à qui je destine mon petit *Dictionnaire mantchou-latin*.

Je placerai ensuite l'*Essai de méthode pour apprendre le tartare*, par le P. *Domenge*, avec d'excellents dialogues et des notes grammaticales par le même savant. Ces dialogues seront imprimés à deux colonnes, dont l'une contiendra le texte mantchou, que j'ai composé d'après la prononciation; l'autre cette même prononciation, avec la traduction françoise. Quant aux notes grammaticales, qui sont assez considérables, elles se trouveront au bas de chaque page, avec des renvois très exacts : on les distinguera aisèment de celles que j'ai ajoutées à ces différentes *grammaires*, pour établir, entre elles et le *dictionnaire*, une espece de concordance.

La quatrieme grammaire m'a été dernièrement envoyé de la Chine par M. *Raux*, missionnaire; elle est intitulée MÉTHODE *pour apprendre les caracteres et la langue des Tartares-Mantchoux, extraite de la grammaire sinico-tartare-mantchou, intitulée en chinois :* Tsing ouen ki mong, *et en mantchou*

mantchou herguen kisoun pe soualiame tatsire koly; (Mantchou caracteres sermonemque complectendo didiscendi regulæ).

Cependant je ne possede encore que la premiere partie, qui contient les douze classes de l'*alphabet* ou *syllabaire*, avec des explications et des dialogues mantchoux-latins. On trouve partout le caractere tartare, et la prononciation en lettres françoises. Ce savant missionnaire a réservé les notes des *dialogues* et la seconde partie de la *grammaire* pour le prochain envoi.

Il me reste donc à publier un volume et demi

in-4°. Mes manuscrits sont tout prêts, et les peines qu'ils m'ont coûtées sont de sûrs garants de mon empressement à les communiquer au public par la voie de l'impression, aussitôt qu'il m'en procurera les facilités. Les fonctions de l'éditeur ou rédacteur de pareils ouvrages, sont assez importantes pour que sa réputation influe beaucoup sur leur réussite; mais comme il ne m'appartient pas de vouloir porter aucun jugement sur mes propres travaux, il me sera au moins permis de présenter celui de M. *Amyot.* Je terminerai donc cet écrit par l'extrait d'une de ses lettres, adressées à M. *B.*, et la copie de celle qu'il m'a fait l'honneur de m'écrire.

Extrait d'une lettre de M. Amyot, écrite de Pékin, le 10 *octobre* 1788, *à M. B.*

... Je ne desirerois pas moins que vous qu'il y eût quelqu'un en France qui entendît assez de chinois pour être en état de traduire les bons livres qui sont sortis des presses impériales. Si le hazard me procure l'acquisition de quelqu'un de ces livres, traduits en tartare-mantchou, je ne manquerai pas de lui faire passer les mers, pour vous mettre à même de profiter du talent de M. *Langlès*, dont j'ai reçu les ouvrages avec un vrai plaisir. . . . .

. . . . Ce qu'il a fait sur la langue des Mantchoux est très bien: cependant il eût mieux fait, à mon avis, d'écrire à la maniere des Mantchoux, c'est-à-dire perpendiculairement ou de haut en bas, que d'écrire horizontalement, comme il l'a fait. Ce petit défaut, si c'en est un, n'empêche pas que ceux qui sont rompus dans la connoissance des lettres ne puissent les lire avec la même facilité. Je vous prie de vouloir bien lui présenter de ma part le juste tribut de l'estime que j'ai pour ses talents, et de la reconnoissance que je lui dois pour l'usage particulier qu'il en a fait en faveur de la GRAMMAIRE et du DICTIONNAIRE de la langue des Mantchoux, Si la peine qu'il a bien voulu prendre pour l'édition de l'une et de l'autre n'est pas au profit de ces littérateurs qui ne dirigent leurs études que vers ce qui peut les conduire à la gloriole du bel esprit, elle sera prisée, comme elle doit l'être, par le petit nombre de ces savants qui, dans leurs travaux littéraires, préferent toujours l'utile à ce qui n'est qu'agréable. La GRAMMAIRE et le DICTIONNAIRE que leur offre M. *Langlès*, leur ouvriront l une des portes par laquelle ils pourront entrer à l'aise dans levaste magasin de la littérature chinoise; et les missionnaires qui viendront dans la suite à Pékin pourront en profiter pour faciliter leurs études et en abréger le cours.

Lettre de M. Amyot à M. Langlès.

Pékin, ce 8 *août* 1788.

MONSIEUR,

Il est fâcheux pour moi de n'avoir pas reçu la lettre que vous m'avez fait l'honneur de m'écrire, assez tôt pour y répondre par le retour des vaisseaux de la mousson derniere; je me serois fait un vrai plaisir de vous donner, sur la langue des Mantchoux, tous les éclaircissements que vous desirez : ce délai est tout à votre avantage, puisqu'il vous procure la correspondance de M. *Raux*, qui a déja fait les plus grands progrès dans l'étude de cette langue, et qui continue de s'en occuper, à l'aide de trois ou quatre maîtres qui partagent auprés de lui tout le loisir qu'il peut avoir dans le courant de la journée. Comme il est tout entier encore dans les éléments des *lettres* et de la *grammaire*, il est beaucoup plus en état de vous satisfaire que je ne peux l'être moi-même, dont les occupations me jettent dans des études opposées. C'est ce qui m'a déterminé à le prier de vouloir bien tenir ma place dans cette occasion, la plus favorable qu'il puisse rencontrer pour donner cours à son zele pour le mantchou. Il a accepté la commission, et s'est mis tout de suite en devoir de la remplir dans tout le détail qu'elle exige. Vous me saurez gré sans doute d'un échange qui tourne au profit de la chose, et vous serez charmé d'avoir pour compagnon et pour émule, dans la carriere où vous êtes entré, un athlete digne de vous seconder, ou de combattre avec vous. Puissiez-vous la fournir l'un et l'autre pendant de longues années, pour l'avantage des lettres et la gloire de ceux qui les cultivent!

J'ai l'honneur d'être, etc.

Signé *Amyot*, *m. a.*

1.

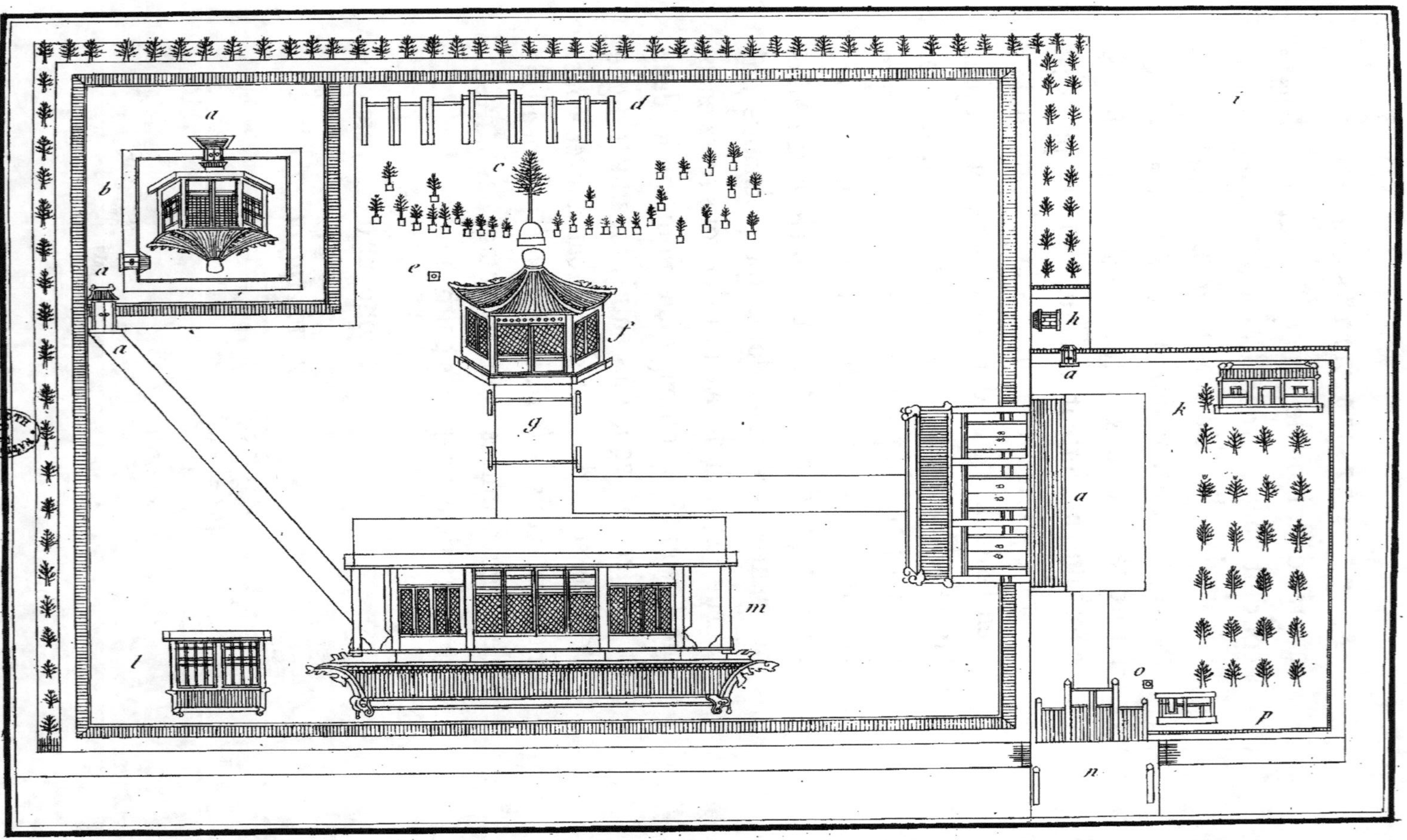

Pl. II.

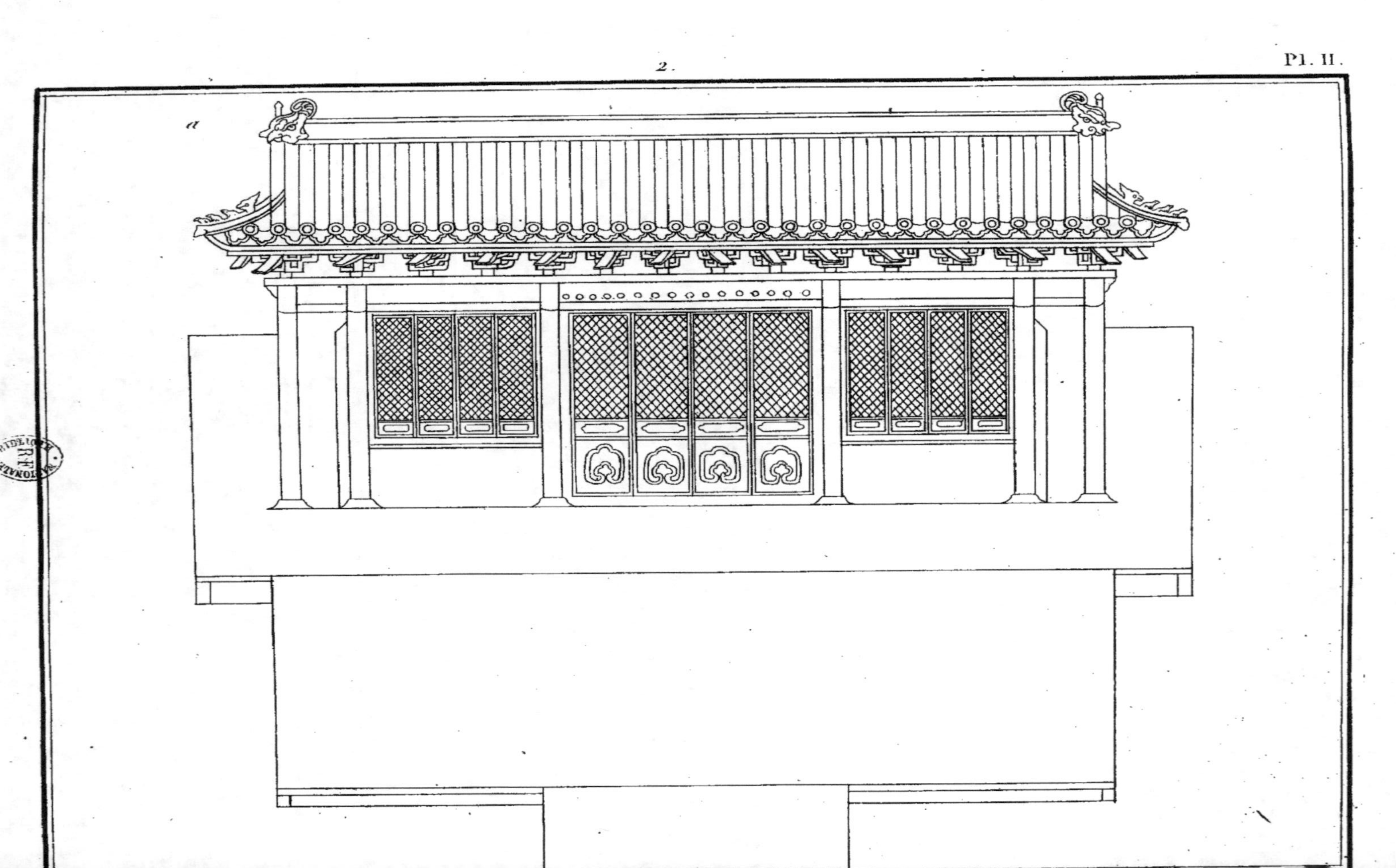

3. Pl. III.

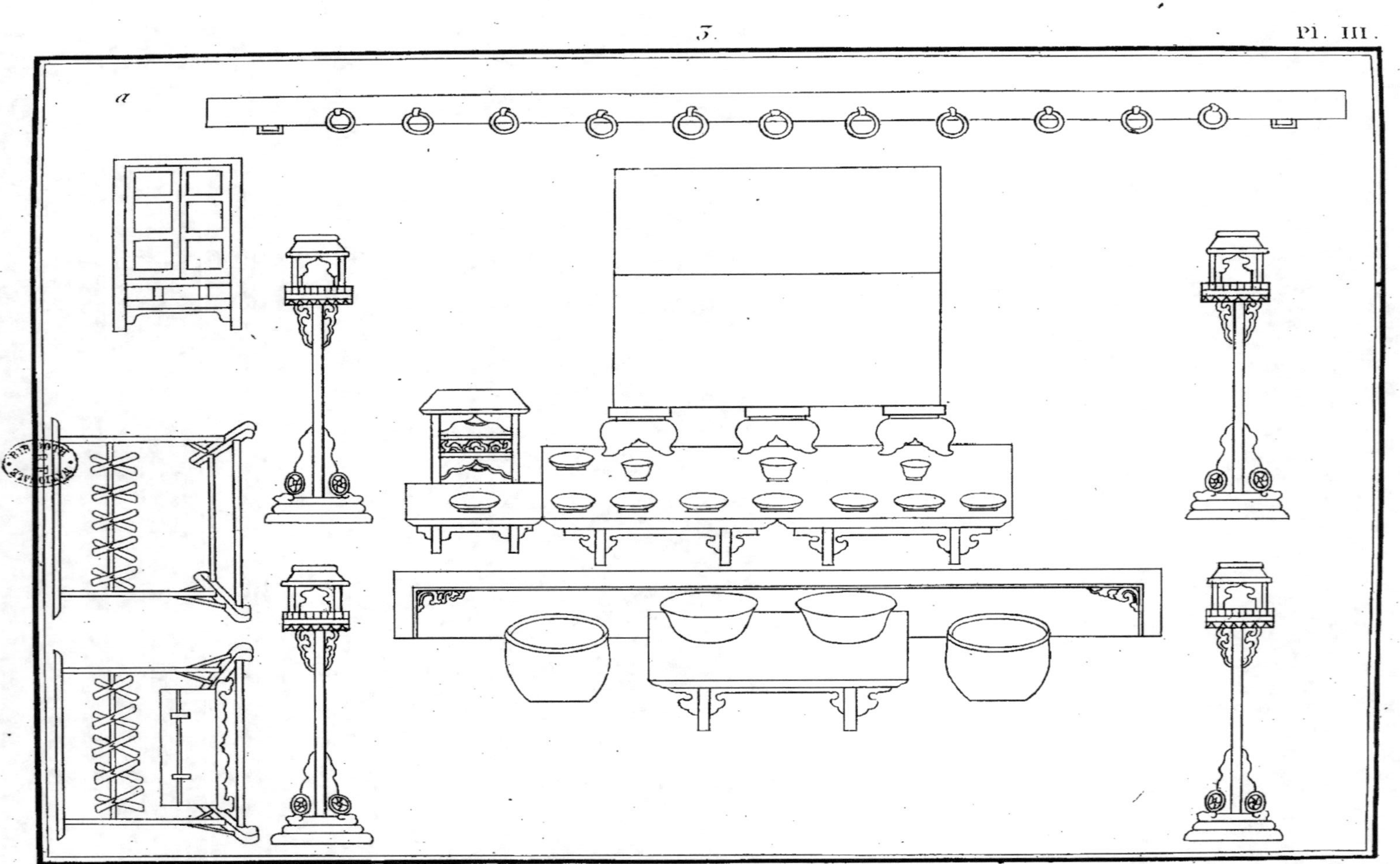

4

5

Pl. IV.

a

a

Pl. V.

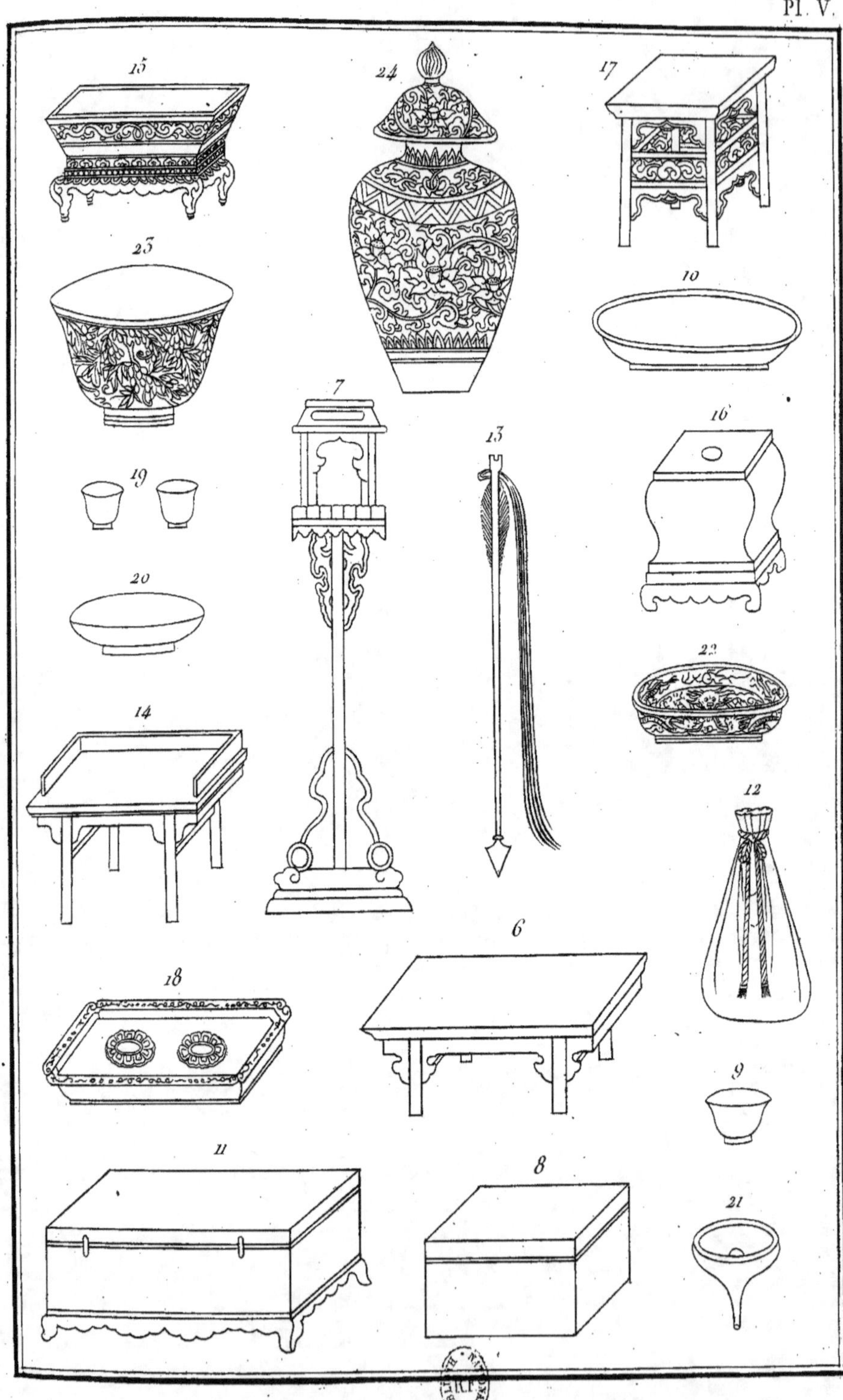

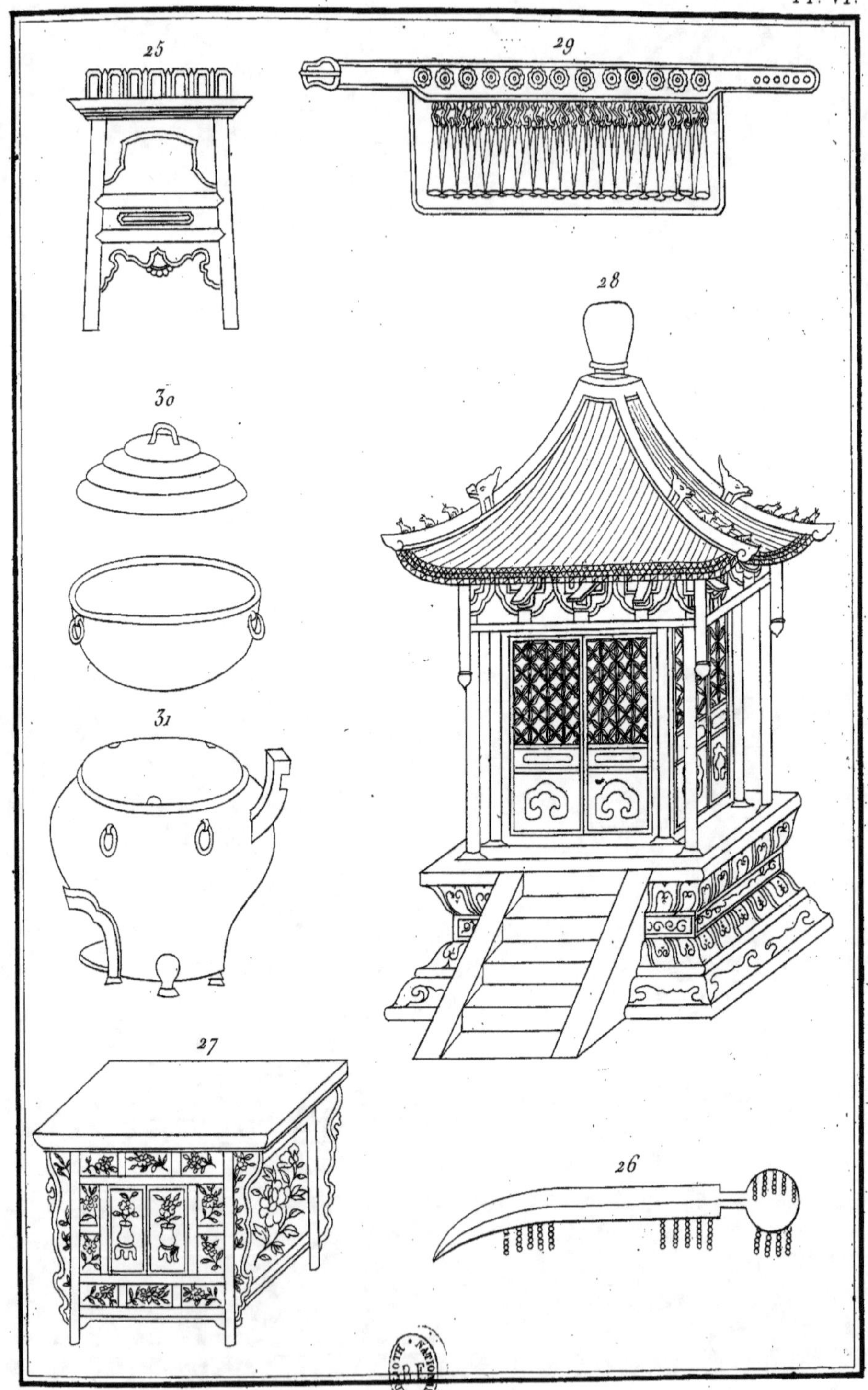
25
29
28
30
31
27
26

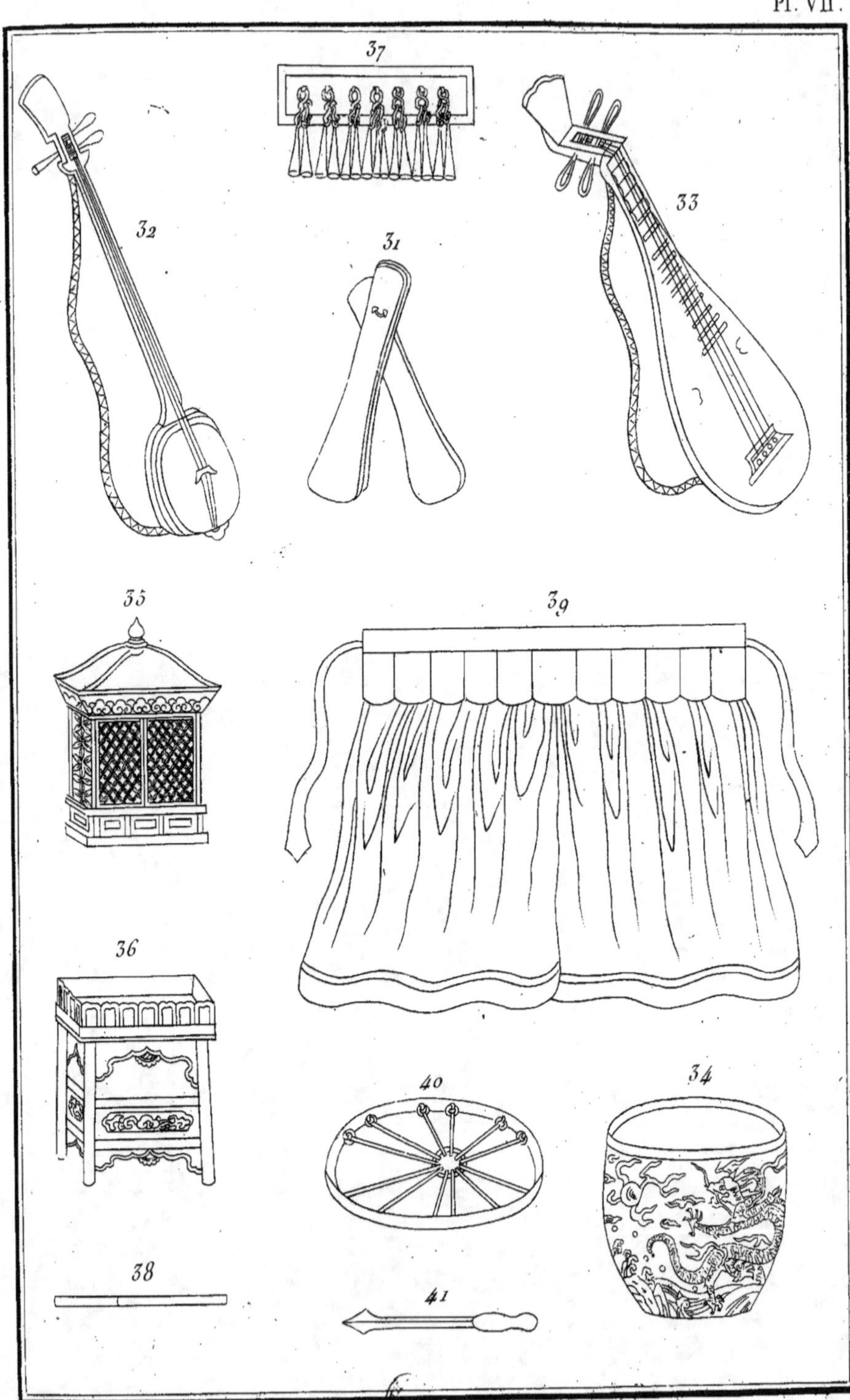
37
32
33
31
35
39
36
40
34
38
41

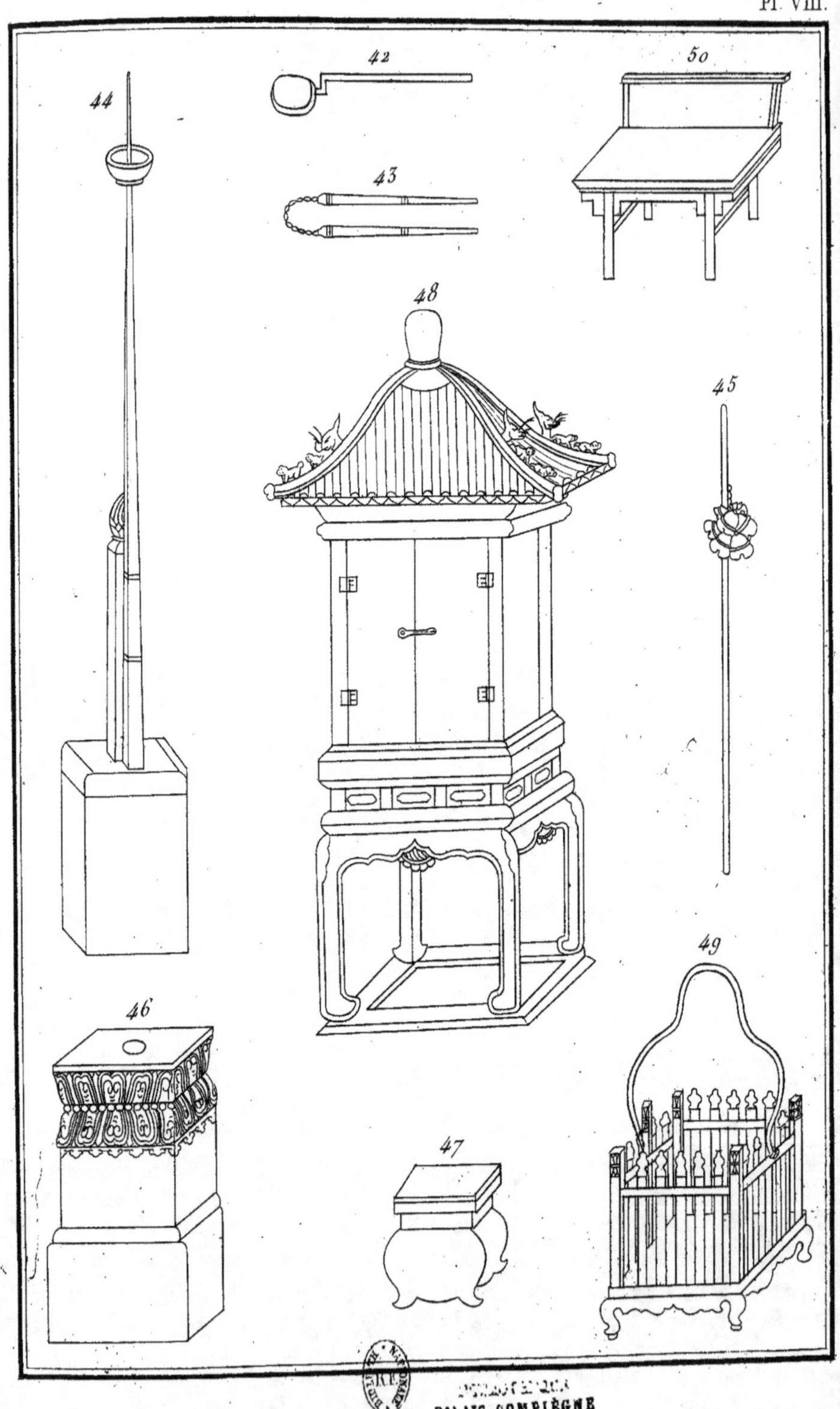
42
50
44
43
48
45
49
46
47

Pl. IX.

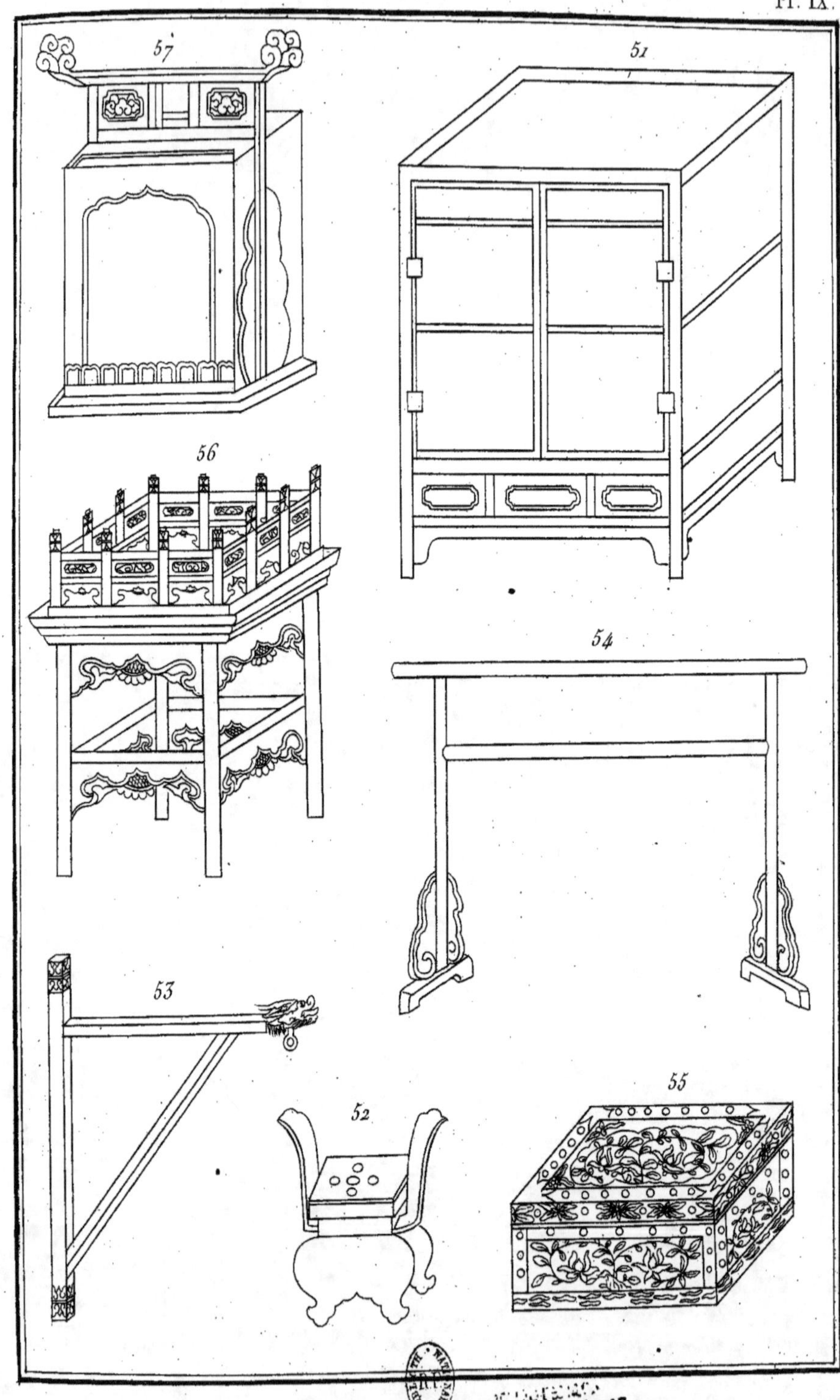

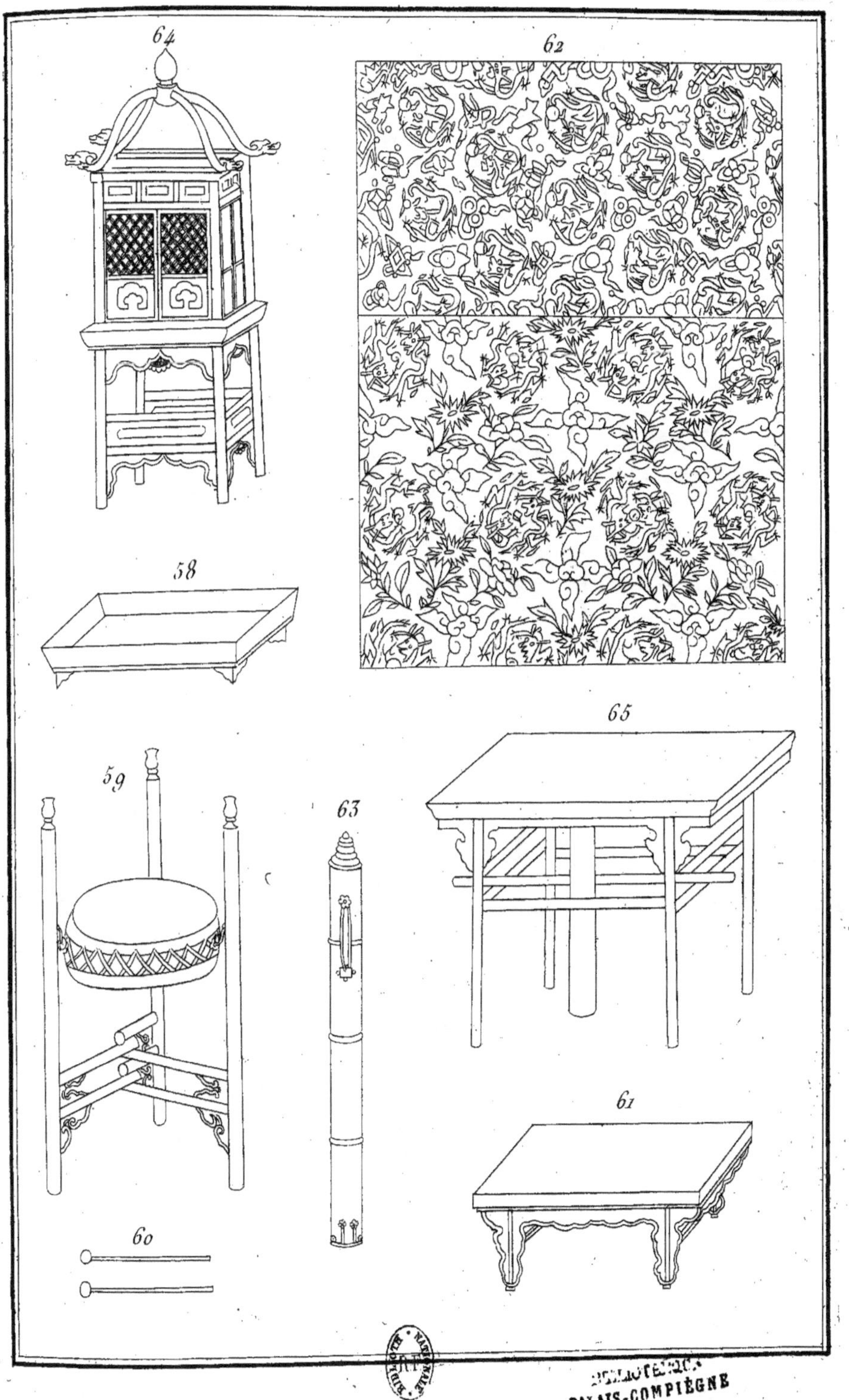
64
62
58
59
63
65
61
60

www.ingramcontent.com/pod-product-compliance
Lightning Source LLC
LaVergne TN
LVHW012010180726
843502LV00005B/1633

* 9 7 8 2 3 2 9 2 9 8 3 6 8 *